颠覆传统的文学讲堂

爆趣大语文

初阶 下

胡彬彬 主编

广东旅游出版社
GUANGDONG TRAVEL & TOURISM PRESS
悦读书·悦旅行·悦享人生
中国·广州

图书在版编目（CIP）数据

爆趣大语文 . 初阶 . 下 / 胡彬彬主编 . —广州：广东旅游出版社，
2019.2
ISBN 978-7-5570-1704-0

Ⅰ . ①爆…　Ⅱ . ①胡…　Ⅲ . ①小学语文课—教学参考资
料　Ⅳ . ① G624.203

中国版本图书馆 CIP 数据核字（2019）第 004602 号

出 版 人：刘志松
责任编辑：何　方
责任技编：冼志良

书　　名	爆趣大语文 初阶（下） BAOQU DA YUWEN CHUJIE（XIA）	
出版发行	广东旅游出版社 （广州市越秀区环市东路 338 号银政大厦西楼 12 层）	
经　　销	全国新华书店	
印　　刷	佛山市浩文彩色印刷有限公司 （广东省佛山市南海区狮山科技工业园 A 区）	
开　　本	787 毫米 ×1092 毫米　16 开	
印　　张	14.5	
字　　数	220 千字	
版　　次	2019 年 2 月第 1 版　2019 年 2 月第 1 次印刷	
定　　价	68.00 元	

质量监督电话：0757-88368558。

《爆趣大语文》编委会

主　　编　　胡彬彬

执行主编　　黄可澄　何铭杰

编　　者　　彭馨蕾　陈晓纯　蒋彩珍　朱雯静
　　　　　　陈佩莹　李飞飞　宋钧銎　李　娴
　　　　　　黄学华　何淑欣　张彩虹　廖宇芬
　　　　　　巫梦玲

丛书编纂团队主要成员介绍

胡彬彬 主编

广州市明师教育服务股份有限公司董事、执行总裁，《爆趣大语文》创始人，汉语言文学教育学士，公共管理学硕士，顶级明星语文教师。精研现代汉语、名著阅读以及现代文学，十五年一线毕业班的教学经验，对各类型、各层次学生情况了如指掌，擅长用轻松愉快的学习方法让学生对语文产生兴趣。

黄可澄 执行主编

明师教育大语文项目负责人，《爆趣大语文》执行主编，拥有汉语言文学与历史学双学士学位，有着六年的一线小学语文教学经验，致力于培养学生的人文素养，让学生爱上语文。

教学上主张语文其实不只是读背写，不只是考到多少分，看待语文应该有更宽广的视野，语文除了语言文字外还有文学。针对不同年龄的学生会采取不同的教学方法，带领他们认识文人，欣赏文学，了解"大语文"，细细品味语文的趣与美。

何铭杰 执行主编

明师教育大语文项目负责人，《爆趣大语文》执行主编、创意策划。洞悉 K12 行业产品市场，八年时间潜心研发小学趣味课堂模式，了解时下小学生对文学文化类知识的学习需求。

负责《爆趣大语文》体系的设计、梳理与搭建，结合丰富的素质类项目经验，为大语文运营提供活动、方案指导，结合 AR 技术，致力为学生提供更丰富的语文学习体验。

自 序

　　我是一个土生土长的广州人，爱好文学，从公立学校语文老师到培训辅导机构的皇牌老师，一直坚持用心教学，把自己在语文学科多年累积的知识教授给学生，所幸历年跟随我的学生在各大考试中都取得不错的成绩。

　　但我对于语文的要求不仅仅是这样，对于语文教学的愿景，我更希望学生可以抛开考试要求，心里真正喜欢这个学科。希望学生能够感受一种不一样的语文课堂，做一个有文学修养的人。

　　进入教育培训这个行业已经十六年了，林立的培训机构给孩子们开设的语文课，无一例外，全都是新八股作文，于是，我在教学的过程中萌生了这样的想法，带领一支精英团队，建立一套全新的语文体系，这套体系应具备以下特点：

　　1．以提高学生语文素养、开阔其视野、铸就其沉静而自信的人格为目的。

　　2．将语文学习由一个无限集变为一个相对的有限集，为学生搭建一个完整的体系。

　　3．以时代、国别为线索，以历史、文坛上的重要人物为载体，如中国的二十四史般，以纪传体的方式讲授语文课。

　　4．以文化强国、培养"大家"为使命。

　　5．将语文学习分为三个阶段：语言和文字、语言和文学、语言和文化，将语文学科的魅力多角度呈现，让语文成为真正的"大语文"。

　　6．适合中小学生，强调趣味性，提倡广泛阅读，培养对文学的兴趣，激发学生对文化的求知欲。

　　2013年，我去北京进行学习交流，结识了窦昕老师，开始接触"大语

文"这个理念，细细琢磨后，心情久久不能平复，这就是我一直期待的语文课程。这几年一直奔波广州、北京两城，与窦昕老师一起着手研发具有广州本地化特色的大语文教材，并且在2016年出版了第一部的《明师大语文——经典十二讲》，牛刀初试，取得了不错的成绩，获得了家长以及学生的欢迎，更加坚定了我把大语文系列整体出版的决心。

在《明师大语文——经典十二讲》成功的鼓舞下，我们又和北京中文未来团队签订了委托合同，继续开发课程。五年磨一剑，在中文未来团队的协助下，明师教育的自有团队终于完成了拥有独立知识产权的《爆趣大语文》系列丛书的编写和中小学语文课程的开发。它们都秉承着"大语文"的理念。同时，本丛书知识体系完整，表现形式生动有趣，作为广大小读者补充文史知识，提升人文素养的读本也是不错的选择。

诚然，这套书出自初出茅庐的明师教育大语文团队，年轻如斯，轻狂的我们，虽将成果结晶视若至宝，却连自己都能看出其中的些许漏洞和不足来，然而为了填补空白并让市场充分验证，我们还是决定将《爆趣大语文》于今夏付梓，希望一直关注我们的学员、家长、好友、专家、良师朋友们共同指正。

2018年夏，谨将这潦草的自序，五年来这有笑有泪的春秋与满腔热情和无悔的青春，献给我最珍爱的教育，最喜爱的学生，最挚爱的伙伴和这套最心爱的《爆趣大语文》系列丛书！

胡彬彬

2018年4月17日

前　言

　　《爆趣大语文》是广州市明师教育服务股份有限公司自主开发的一系列秉承着独特"大语文"理念的中小学语文教学课程，本丛书就是大语文课程的专用教材。同时，本丛书知识体系完整，表现形式生动有趣，作为广大小读者补充文史知识，提升人文素养的读本也是不错的选择。

本丛书的体系——三线贯穿

　　大语文的课程分为"古文""阅读""作文"三类。在授课时一般三种课程穿插进行，齐头并进：以古文课程打好国学基础，以阅读课程构建对文学史的认知，以作文课程将渊博的积累与丰富的情感体验落诸笔端，最终实现学生语文素养的全面提高。

　　在课程内容上，我们一改传统语文教学以作品为纲的模式，开创性地以作家为纲，按照循序渐进的原则做了安排。

　　古文部分：三年级讲授唐代文学，四年级讲授宋代文学，五年级讲授先秦文学，六年级讲授明清文学。

　　阅读部分：三年级讲授中外神话、寓言、史诗、童话；四年级讲授文艺复兴和英法浪漫主义、现实主义文学；五年级讲授中国现代文学和美国、俄国文学，并介绍两位获得诺贝尔文学奖的东方作家；六年级主要配合小升初复习讲授文学常识汇总，同时还有一定的补遗和深化。

　　作文部分：三年级讲授主题作文和基础语句技法；四年级主要讲授描写技法和叙事技法，并介绍几个特色写作方案；五年级则讲授一些层次更高的写作技法并大量介绍老师的特色作文方案；六年级则以考场美文为目标，讲

授各种题型的作文，并配合真题演练模拟。

经过这样四年的系统语文学习，我们希望能激发出每个学生对知识、阅读的兴趣，对崇高人格的向往，对社会和自我的思考。

课程版块设计

古文课程和阅读课程的版块设置基本相同，主要包含下面部分：

知识背景：简述本讲内容在文学体系上的重要性，及其作品在校内教材的引用情况。

重点难点：归纳出本讲需要重点掌握的知识点。

著作推荐：为意犹未尽的学生推荐合适版本的名著，乃至精选的景点、影视等。

人物名片：结合时间轴线，介绍主要人物、故事的发展历程。

课前漫画：用原创的四格漫画介绍一个与本课相关的故事，激发学生的学习兴趣。

知识链接：补充与本课内容相关的背景知识，为更好地理解课文做准备。

每课金句：挑选一句与本课相关的名言警句，让积累成为习惯。

作品赏析：选取适合学生理解能力的最具代表性原汁原味的作品，作为课文学习。同时，让学生在畅游文学大观园之后，夯实文学基础，提高解题能力。

汉字大变脸：展示一个汉字从甲骨文到现代汉字的演变过程，让学生体会并理解汉字的造字规律，加深对传统文化的认识。

拓展阅读：从本课的某一知识点出发，选取一个既有趣又有意义的知识点发散到古今中外各个领域，帮助学生了解多种文化，开阔视野。

作文课程板块设计，主要特色部分为**"课前阅读""技法展示""本课习作""写作锦囊""范文赏析""拓展阅读"**，虽然体例与讲解文学史的课程有所不同，但其中激发兴趣、快乐学习、基础与拓展并重的理念是一以贯之的。

　　为了让学习《爆趣大语文》的学子，有更多新颖有趣的学习体验，我们还结合了AR技术，研发出大语文"AR爆趣大语文"App。同学们通过App扫描AR图片，便可以看到3D版的历史人物、经典故事动画。扫描不同的AR图片，还可以收集到同一角色的多种皮肤，开启人物图鉴。同时，通过App，还可以学习到诗歌朗诵，收看您所喜爱的大语文频道，参与大语文的线下活动。

何铭杰

2018年4月17日

目 录

壹·唐代文学

贰·世界文学故事概览

叁·新派作文

壹 · 唐代文学

第 1 讲　白居易（上）

知识背景

　　白居易是中唐时期伟大的现实主义诗人，他的诗歌通俗易懂，流传广远，上至宫廷，下至民间，处处皆是。白居易还是"新乐府运动"的倡导者，他的诗歌主张对当时的诗坛产生了重要的影响。

　　白居易的诗作有很多被选入小学语文课本：《鸟》被选入北师大版三年级上册，《暮江吟》和《琵琶行（节选）》被选入北师大版四年级上册，《忆江南》被选入人教版四年级下册，《浪淘沙》被选入北师大版五年级上册。

重点难点

1. 了解安史之乱前后的历史背景及节度使割据局面下百姓的苦难生活。
2. 了解白居易的生平概况。
3. 熟悉白居易讽喻诗的代表作品和写作风格。
4. 理解赏析重点作品《卖炭翁》。

著作推荐

1. 诗词推荐：《观刈麦》《歌舞》《长恨歌》。
2. 书目推荐：《诗王白居易》，《唐代大诗人故事集》编委会，武汉大学出版社。

人物名片

白居易（772年—846年）

字乐天，号香山居士，又号醉吟先生，有"诗魔"和"诗王"之称。中唐时期现实主义诗人，与元稹同为"新乐府运动"的倡导者，有《白氏长庆集》传世。

代表作：《长恨歌》《琵琶行》《忆江南》《卖炭翁》。

公元前781年	9岁	为了躲避战乱离开家乡，四处漂泊。
公元前787年	15岁	凭借《赋得古原草送别》名动长安。
公元前791年	19岁	勤学苦读，以至于口舌生疮，头发变白。
公元前800年	28岁	中进士，步入仕途。
公元前808年	36岁	任左拾遗，常能指出朝政弊端，甚至当面指出皇帝的错误。

课前漫画

　　仅凭一首诗，就把唐代大文豪顾况给征服了，白居易太厉害了！更厉害的是，当时的白居易年仅16岁，他后来的故事更加精彩！

"长安米贵，白居不易"

　　白居易生活在唐朝由盛转衰的时期，连续的战乱让他尝尽背井离乡之苦。他的祖父和父亲都曾经做过县令一类的地方官，祖母和母亲也都能诗善文。因此，他从小就受到良好的文化熏陶，再加上他本人聪慧好学，所以五六岁就能写诗，九岁就懂得声韵。成年后，白居易读书更加勤奋了，他白天学习辞赋，晚上诵读经史，读书的间隙创作诗歌，从没有闲暇的时候。这样长期的苦读，可怜的他口舌都生满了疮，手肘也磨出了老茧。

　　十六岁那年，白居易带着自己的诗稿，开启了他的长安之旅。初入长安时，正指初春，咸阳道上冰消雪融，道旁的嫩芽在春风的轻拂下破土而出。心情愉快的白居易，拿着诗稿就直奔著名诗人顾况家去了。然而，顾况对眼前这个其貌不扬、初出茅庐的年轻人并不是很重视。当他看到诗稿上的署名为"白居易"时，哈哈大笑："小伙子，长安米贵，白居不易啊！"然而，当他读到那首《赋得古原草送别》时，情不自禁地拍案叫绝，反复吟咏着："野火烧不尽，春风吹又生。"于是，转眼之间，顾况就对白居易刮目相看了。由于白居易过人的才华和顾况的赏识，他很快在长安出了名，而之前的那句玩笑，也成了两人间的趣闻。没过几年，白居易考中了进士，唐宪宗得知他的文才后，提拔他做了翰林学士。

每课金句

文章合为时而著，歌诗合为事而作。

——白居易《与元九书》

作品赏析

　　皇宫里需要的物品怎样购置？在唐朝初期，是由专门官吏采买。但到了中唐，宦官开始把持朝政，他们便把皇宫物品的采买权抢了过去。说是采买，其实就是抢劫！宦官常去长安东西两市和热闹的街坊，用低价强买货物，甚至分文不给，他们居然还把这种无耻的行为称为"宫市"。《卖炭翁》就是以"宫市"为背景写成的。

卖炭翁①

【唐】白居易

卖炭翁，伐薪烧炭南山中②。
满面尘灰烟火色③，两鬓苍苍十指黑④。
卖炭得钱何所营⑤？身上衣裳口中食。
可怜身上衣正单⑥，心忧炭贱愿天寒⑦。
夜来城外一尺雪，晓驾炭车辗冰辙⑧。
牛困人饥日已高⑨，市南门外泥中歇⑩。

①卖炭翁：白居易创作的《新乐府》组诗中的一篇。
②伐：砍伐；薪：柴；南山：城南之山。
③烟火色：烟熏色的脸，此处突出卖炭翁的辛劳。
④苍苍：灰白色，形容鬓发花白。
⑤得：得到；何所营：营，经营，这里指需求；做什么用。
⑥可怜：使人怜悯。
⑦愿：希望。
⑧晓：天亮；辗（niǎn）：同"碾"，压；辙：车轮滚过地面辗出的痕迹。
⑨困：困倦，疲乏。
⑩市：长安有贸易专区，称市，市周围有墙有门。

翩翩两骑来是谁①？黄衣使者白衫儿②。
手把文书口称敕③，回车叱牛牵向北④。
一车炭，千余斤⑤，宫使驱将惜不得⑥。
半匹红绡一丈绫⑦，系向牛头充炭直⑧。

【阅读理解】

1. 给下列加点字注音。

两鬓（　　） 口称敕（　　） 叱牛（　　）

2. 按要求找出诗句。

（1）描写卖炭翁外貌的诗句是_____

（2）描写卖炭翁矛盾心理的诗句是_____

3. "晓驾炭车辗冰辙"中的"辗"字用得好不好？这个字体现出什么？

_____

_____

_____

4. "翩翩两骑来是谁"中的"翩翩"一词表现了宫使怎样的形象？

_____

_____

---

①翩翩：轻快洒脱的样子；骑：骑马的人。

②黄衣使者白衫儿：黄衣使者，指皇宫内的太监；白衫儿，指太监身边的随从。

③把：拿；称：说；敕（chì）：皇帝的命令或诏书。

④回：调转；叱：喝斥；牵向北：指牵向宫中。

⑤千余斤：不是实指，形容很多。

⑥驱：赶着走；惜不得：舍不得。

⑦半匹红绡一丈绫：唐代商务交易，绢帛等丝织品可以代货币使用。当时钱贵绢贱，半匹纱和一丈绫，和一车炭的价值相差很远。这是官方用贱价强夺民财。

⑧系（jì）：绑扎，这里是挂的意思；直：通"值"，指价格。

5. 本诗表达了作者怎样的思想感情？

_____

_____

〖赏 析〗

诗人以"卖炭得钱何所营？身上衣裳口中食"两句展现了处在生活绝境的老翁唯一能活下去的希望。这是全诗的点睛之笔，为后面写宫使掠夺木炭的罪行做好了有力的铺垫。在表现手法上，则灵活地运用了衬托和反衬。以"两鬓苍苍"突出年迈，以"满面尘灰烟火色"突出"伐薪、烧炭"的艰辛，再加上荒凉险恶的南山衬托，老翁的命运就更激起了人们的同情。而这一切，正反衬出老翁热切的希望：卖炭得钱，买衣买食。老翁"衣正单"，再以夜来的"一尺雪"和路上的"冰辙"衬托，使人更感到老翁的"可怜"。而这一切，正反衬了老翁希望之火的热烈：天寒炭贵，可以多换些衣和食。接下去，"牛困人饥"和"翩翩两骑"，反衬出百姓与统治者差距的悬殊；"一车炭，千余斤"和"半匹红纱一丈绫"，反衬出"宫市"掠夺的残酷。而就全诗来说，前面表现热切的希望，正是为了反衬后面希望化为泡影的可悲可痛。

汉字大变脸

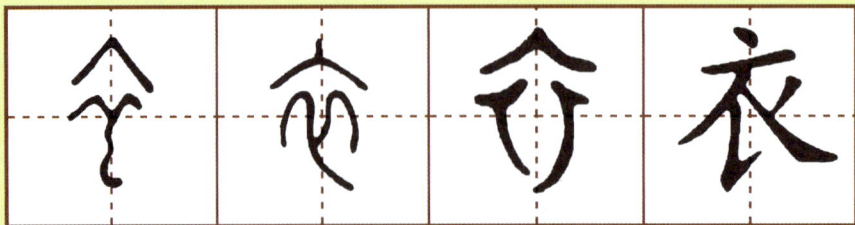

| 甲骨文 | 金文 | 小篆 | 楷体 |

衣，像衣服的样子，做偏旁部首时写作"衤"。含有"衤"的字通常与衣物有关，如"裙""裤""衫""袜"等。

古代的钱长什么样子？

读完白居易《卖炭翁》的故事，想必大家都会为可怜的老爷爷鸣不平："给点儿丝绸算个啥？还老人家的一车炭！"你先别急，唐代实行"钱帛兼行"的政策，也就是说，在唐代，人们买东西可以用钱，也可以用丝织品，所以丝绸还真能当钱使。

其实在历史上，很多东西都曾经扮演过"钱"的角色。

远古时期，人们经常用牲畜、粮食、布、玉石、贝壳等去市场上和别人交换物品。后来，大家慢慢发现，牲畜太大，粮食会腐烂，布太常见，玉石又太少，相比之下，贝壳装带方便，不会变质，并且较为稀少，所以用贝壳去交换物品的人越来越多，贝壳就成了那个时代的"钱"。因此，时至今日，汉字中和财富、价值有关的字大多带有"贝"，如贵、资、贪、贫、财、购等。

很多年后，人类学会了冶炼金属，于是大家开始把金、银、铜等金属当钱花。所以国库里堆的是黄澄澄的金子和白花花的银子，人们平时上街买东西用的则是铜钱。一千个铜钱串在一起叫"一贯"，所以我们形容大富翁时都会说他"腰缠万贯"。

但是把金属当钱用还是让人崩溃，因为这东西实在是太沉了。于是人们把金银存在银行里，然后拿着银行的存款单去买东西。这种存款单就是全世界最早的纸币——交子，这标志着人们开始拿纸当"钱"用。

现在，很多人已经不用纸币购物了，他们刷银行卡、扫微信、扫支付宝，银行账户里的数字就是他们的"钱"。所以，现在是拿数字当"钱"的时代。

第 2 讲　白居易（下）

📖 知识背景

受到家庭教育的影响，白居易从小就心怀天下。当白居易在朝中担任谏官时，他就严厉批评朝廷中的各种弊端，劝告皇帝限制宦官、打击藩镇；当被贬到地方任职时，他也没有沮丧，而是采取各种措施改善百姓生活。可以说，白居易不仅是一位伟大的诗人，还是一个优秀的政治家，一个心系百姓的好官。

白居易的很多诗作都被选入了中学语文课本：《钱塘湖春行》被选入苏教版八年级上册和人教版七年级上册，《池鹤》被选入苏教版八年级下册，《观刈麦》被选入人教版九年级上册和苏教版七年级下册，《望月有感》被选入人教版九年级下册。

✏️ 重点难点

1. 了解中唐时期宦官专权与官员党争的历史背景。
2. 感受白居易在报国无门之下独善其身的无奈。
3. 感受白居易后期闲适诗的特点和写作风格。
4. 理解赏析重点作品《忆江南》。

📘 著作推荐

1. 诗词推荐：《大林寺桃花》《琵琶行》《暮江吟》。
2. 视频推荐：《百家讲坛——白居易》，南京大学莫砺锋教授主讲。

人物名片

白居易（772年—846年）

字乐天，号香山居士，又号醉吟先生，有"诗魔"和"诗王"之称。中唐时期现实主义诗人，与元稹同为"新乐府运动"的倡导者，有《白氏长庆集》传世。

代表作：《长恨歌》《琵琶行》《忆江南》《卖炭翁》。

公元前 **815**年	**43**岁	因诗作刺痛了权贵而遭人排挤，被贬为江州司马。
公元前 **820**年	**48**岁	回到长安，又因朝中大臣争权夺利而请求离开京城。
公元前 **822**年	**50**岁	任杭州刺史，疏通枯井，修筑堤坝，造福百姓。
公元前 **829**年	**57**岁	深知官场黑暗便隐居洛阳，但仍心系百姓。
公元前 **846**年	**74**岁	在洛阳去世，唐宣宗专门写诗表示悼念。

课前漫画

> 白居易的诗太棒了，我要把他的诗文在我身上！

> 胳膊上文"离离原上草……"

> 后背上文《琵琶行》，文不下就文屁股上。

> 你还记得屁股上是哪句诗吗？

> 嘈嘈切切错杂弹，大珠小珠落玉盘！

　　漫画中的文身男名叫葛清，他是白居易的超级粉丝，以至于把自己的全身上下都文上了偶像的诗。由此可见白居易在唐代诗坛上的地位。

知识链接

同是天涯沦落人

自从在黄金榜上看到自己大名的那一刻起，白居易便握紧拳头高呼："定不辜负皇恩。"此后，他便开启工作狂模式，每天行走于百姓之间，感受他们生活的悲苦，并创作了大量反映百姓疾苦的诗歌。不仅如此，白居易还明确指出造成这一切的罪魁祸首就是皇帝和官员。实在是没有辜负皇恩，可也给自己招来了灾难，被贬江州司马。

这天，在江上偶遇琵琶女，女子边弹边唱开始自我介绍。这原是红遍京城的歌女，凭借自己高超的技艺也曾拥有无数贵族粉丝，可岁月无情，年龄渐大便嫁给了商人，商人的眼中每天就是生意、出差，留她孤身一人在船里苦等，这一等就是一年又一年……听到这，已泪流满面的白居易拿起纸笔写下名篇《琵琶行》。这怎么还泪流满面了？《琵琶行》诗中的"同是天涯沦落人，相逢何必曾相识"给大家解开了谜团。原来，从琵琶女的弹唱中白居易秒懂了她的哀愁，并且想到了自己的处境。歌女才华横溢却被小姐妹们排挤，自己心怀报国之志却遭贪官诬陷，不被皇帝认可。歌女丈夫只顾赚钱却不理解她心中的哀愁，白居易被贬官至此周围的人们却不能理解他的壮志难酬……两位悲苦的人以前虽未曾谋面，可今日一相见，一听她的诉说，便知道，我懂你，只因为我们有类似的悲惨经历和不为人知的哀愁。

每课金句

同是天涯沦落人，相逢何必曾相识。

——白居易《琵琶行》

🏆 作品赏析

　　白居易年轻时曾在江南游历，中年时又曾在杭州、苏州两地任职，江南的风光名胜给他留下了深刻的印象。晚年的白居易虽然隐居洛阳，但江南的美景常常浮现在他的脑海中，于是白居易拿起笔来，写下了三首《忆江南》。

忆江南①

【唐】白居易

　　江南好，风景旧曾谙②。日出江花③红胜火，春来江水绿如蓝④。能不忆江南？

　　江南忆，最忆是杭州。山寺月中寻桂子⑤，郡亭枕上看潮头⑥。何日更重游？

　　江南忆，其次忆吴宫⑦。吴酒一杯春竹叶⑧，吴娃双舞醉芙蓉⑨。早晚⑩复相逢？

---

①忆江南：唐代乐曲名。

②谙（ān）：熟悉。作者年轻时曾三次到过江南。

③江花：江边的花朵。一说指江中的浪花。红胜火：颜色鲜红胜过火焰。

④绿如蓝：如，有胜过的意思；蓝，蓝草，其叶可制成青绿染料。本句指江水比用蓝草制成的青绿染料还要绿。

⑤山寺，指杭州天竺寺。桂子，指桂花。

⑥郡亭，可能指杭州城东楼。潮头，指钱塘江大潮。钱塘江入海处有两山南北对峙如门，潮水受到挤压，水势凶猛壮观，为天下名胜。

⑦吴宫：指吴王夫差为西施所建的馆娃宫，在苏州西南灵岩山上。

⑧竹叶：酒名，即竹叶青，也泛指美酒。

⑨吴娃：原为吴地美女名，这里泛指吴地美女。醉芙蓉，形容舞女舞姿优美。

⑩早晚：何时，什么时候。

【阅读理解】

1. 给下列加点字注音。

　　曾谙（　　　）　　芙蓉（　　　）

2. 请用自己的语言描写"日出江花红胜火，春来江水绿如蓝"的画面。

_____

_____

_____

3. "郡亭枕上看潮头"一句突出了钱塘江大潮怎样的特点？

_____

_____

_____

4. 这首词表达了诗人怎样的思想感情？可从文中的哪两个字看出来？

_____

_____

_____

【赏　析】

　　第一首词总写对江南的回忆，一开口便赞颂"江南好"。对于白居易来说，江南之好可不是道听途说，是自己亲身体验的，正因为"好"，才不能不"忆"。江花和春水在日出和春天背景的衬托之下显得十分鲜艳美丽，江南春意盎然的大好景象立刻跃然纸上。第二首词描绘杭州之美，通过山寺桂花的静谧和钱塘大潮的波涛壮阔再次证明"江南好"，而这一切都是在北方见不到的，于是有了"何日更重游"的愿望，表达了作者对杭州的怀念之情。第三首词描绘苏州之美，重点写苏州的美酒和美女，再次表达了作者对江南的怀念与向往。这三首词各自独立而又互为补充，分别描绘江南的景色美、风物美和人之美，充分抒发了对江南的怀念之情。

汉字大变脸

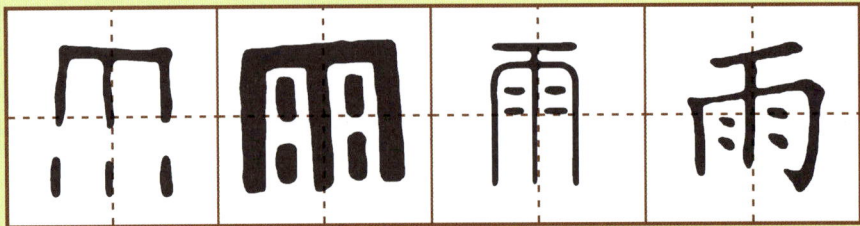

| 甲骨文 | 金文 | 小篆 | 楷体 |

雨，像从云层降雨的样子。含有"雨"的字通常和雨水有关，如"雷""雾""雹""雪"等。

拓展阅读

白堤真的是白居易修的吗？

说起中国最美丽的湖，不少人都会想到杭州的西湖。西湖不仅有着秀丽的自然风光，更有着浓厚的文化气息和传奇色彩。无数文人都在这里留下了美妙的诗句，而其中两个人更是将自己的名字永远地留在了西湖的两座长堤——"白堤"和"苏堤"上。这两个人就是白居易和苏轼。今天我们要说的，就是和白居易有关的白堤。

很多人都认为，白堤是以白居易的名字命名的。但奇怪的是，白堤并不是白居易主持修建的。这是怎么一回事呢？原来，白居易做杭州刺史的时候，确实在杭州钱塘门外的石涵（hán）桥附近修建了一条堤，叫作"白公堤"。但这条堤后来被废弃不用，慢慢地也就消失了。但杭州的人们为了纪念曾经的刺史白居易，便把西湖上一座原来叫作"白沙堤"的长堤改名为

"白堤"，因为这里是白居易以前最喜欢的地方。他曾经在《钱塘湖春行》这首诗中写道："最爱湖东行不足，绿杨阴里白沙堤。"看来，白居易最喜欢的就是西湖东边那一片地方，怎么去都去不够。在他眼中最美的景色，就是翠绿的杨柳树下，那条长长的白沙堤。就像白居易在诗里写的一样，白堤确实是西湖上欣赏风景的好地方。春天，这里桃红柳绿；夏天，这里荷花盛开；秋天，这里明月清朗；冬天，这里梅花飘香。不管什么时候来到这里，总会有一片好风景在等待着你呢！

第 3 讲 刘禹锡

知识背景

　　刘禹锡是中唐诗坛的代表诗人之一，他的诗歌大多清新自然、豪放简单，这与他的性格及多次被贬的经历有关。他还是一位心系朝廷的政治家，面对中唐时期国家上下的种种弊端，他积极参与变法革新，要想为唐朝的中兴贡献力量。

　　刘禹锡的很多作品都被选入了中小学语文教材，其中《望洞庭》被选入人教版四年级上册和北师大版三年级上册，《乌衣巷》被选入北师大版五年级上册，《浪淘沙》被选入北师大版六年级上册，《陋室铭》被选入人教版八年级上册和苏教版八年级下册，《秋词》被选入人教版八年级上册和苏教版七年级上册。

重点难点

1. 了解永贞革新的时代背景及经过。
2. 了解刘禹锡的生平经历及简洁明快、豪迈奔放的写作风格。
3. 赏析《乌衣巷》《秋词》，体会刘禹锡对古今变化、昔盛今衰的感慨。
4. 掌握景物描写渲染气氛及借景抒情的作用。

著作推荐

1. 诗词推荐：刘禹锡《金陵五题》《西塞山怀古》。
2. 书目推荐：《诗豪刘禹锡》，武汉大学出版社。

人物名片

刘禹锡（772 年—842 年）

字梦得，出生于彭城（江苏徐州）。中唐诗人，著名文学家、政治家，被称为"诗豪"，与白居易并称"刘白"，与柳宗元并称"刘柳"。刘禹锡曾经积极参与由王叔文主持的永贞革新，后来改革失败，多次被贬官。

代表作：《乌衣巷》《石头城》《陋室铭》等。

公元前 772年	0岁	因母亲怀孕时梦到大禹送子，所以起名禹锡，字梦得。
公元前 793年	21岁	考中进士，并和同时中进士的柳宗元成为好友。
公元前 805年	33岁	参与永贞革新，革新失败后被贬出京城。
公元前 815年	43岁	奉诏回京，因作诗讽刺权贵又被贬为连州刺史。
公元前 836年	64岁	任太子宾客，常与白居易等诗人朋友聚会写诗。
公元前 842年	70岁	病死在家中，葬在洛阳。

课前漫画

唉？这刘禹锡不就是赏桃花时作了首诗嘛，怎么就又被贬了呢？他这命运也太悲惨了吧！还是让我们一起去课本中寻找答案吧！

刘禹锡二进玄都观

　　玄都观是唐代长安城郊外的一座道观。这座看似不起眼的道观，大诗人刘禹锡曾两次专程前来游览，还为它写过两首有名的诗呢！那么，这小小的玄都观到底有什么特别之处呢？刘禹锡和它之间又有什么故事呢？

　　公元805年，王叔文变法失败，刘禹锡因参与变法被贬到湖南做朗州司马，十年后的春天才回到长安。一天，他去玄都观赏桃花，随口吟出了一首《玄都观桃花》："紫陌红尘拂面来，无人不道看花回。玄都观里桃千树，尽是刘郎去后栽。"短短四句诗看似简单，却饱含了诗人的怨愤。尤其是最后两句，表面上是写他离开长安的十年里，玄都观里新栽了许多桃树，实际上却是讽刺朝廷里那些政治"暴发户"，在将刘禹锡排挤出朝廷后，借机上位，现在才成了高高在上的达官贵人。这样的诗句很快流传开来，自然也惹恼了这些朝廷新贵。于是，因为这首诗，刘禹锡又被贬到更远的广东做连州刺史，一去就是十四年。

　　诗人再次回到长安时，已是一个白发老翁了。想起多年前的情景，他感触很多，心情复杂，又写下了这首《再游玄都观》："百亩庭中半是苔，桃花净尽菜花开。种桃道士归何处，前度刘郎今又来。"几十年的岁月，改变的不仅是玄都观的景色，还有官场上恩恩怨怨的人们。这首诗不仅抒发了诗人的感慨，还在结尾处带着一丝"狡猾"的得意。怎么样？这个写诗的老翁是不是有一些可爱呢？

　　每课金句

　　山不在高，有仙则名。水不在深，有龙则灵。

　　　　　　　　　　　　　　　　——刘禹锡《陋室铭》

作品赏析

（一）

"旧时王谢堂前燕，飞入寻常百姓家。"也许你早就听说过这两句诗，但你知道它的作者是谁吗？这首诗又是在什么情景下写的呢？下面我们就来学习刘禹锡的这首《乌衣巷》。

乌衣巷①

【唐】刘禹锡

朱雀桥②边野草花，乌衣巷口夕阳斜。
旧时王谢③堂前燕，飞入寻常百姓家。

【阅读理解】

1. 给下列加点字注音。

刘禹锡（　　）（　　）　　乌衣巷（　　　）

2. "旧时王谢堂前燕"中的"王谢"指的是＿＿＿＿和＿＿＿＿两家人。

---

①乌衣巷：南京秦淮河南岸的一条巷子，三国时曾经是吴国部队的营房，因为当时的士兵都穿黑色衣服，所以这条巷子被叫作"乌衣巷"，东晋时是名门贵族居住的地方。

②朱雀桥：金陵（今江苏南京）城外的一座桥，在乌衣巷旁边。

③王谢：指东晋时的贵族王导和谢安两家人。王导，东晋开国大臣。谢安，东晋宰相。王家和谢家都是当时的名门望族，许多重要的大臣、将军和文人都出身于这两个家族，他们都曾经在乌衣巷居住过。

3. 景物描写在一首诗中起着非常重要的作用，《乌衣巷》中哪两句是景物描写，请找出来并简单说说景物描写的作用。

_____

_____

_____

4. 请结合全诗，简要说明作者表达的思想感情。

_____

_____

_____

【赏 析】

石桥、小巷、野草、小花，这看似寻常的景物，却在诗人的笔下变得不寻常了。整首诗从头到尾一字没提朝代兴亡、战争动乱，但其中蕴含的深意却远远超越了四句诗里提到的那一片小天地。"野草花""夕阳斜"，写出了曾经繁华的南京城，朱雀桥边人来人往，脚步踩踏之处根本长不出野草来，而如今这里却生出野草野花，说明此处已经荒芜多年了；而夕阳则是典型的荒凉型的意象，和生机勃勃的朝阳相比，夕阳则代表着衰老、死亡、结束、凄凉。野草和夕阳的出现让人感觉整个画面是荒凉衰败的，给整首诗营造了惨淡的氛围，后两句"旧时王谢堂前燕，飞入寻常百姓家"中的"旧时"与"寻常"，两个简简单单的词，就写出了诗人对世事变化无常、物是人非的感叹，更是成了后世人们感慨时代变迁时常引用的金句。

（二）

《秋词》是一首描写秋天的诗，刘禹锡一改前人悲秋的传统，以独特的视角，发现了秋天的独特之美。

秋词

【唐】刘禹锡

自古^①逢^②秋悲寂寥^③，我言秋日胜春朝^④。
晴空一鹤排云^⑤上，便引诗情到碧霄^⑥。

【阅读理解】

1. 给下列加点字注音。

　　寂寥（　　　）　　　碧霄（　　　）

2. 诗中哪两句运用了古今对比的手法表达了作者乐观豁达的心情？

　　_____

3. 赏析诗歌第三句"晴空一鹤排云上"中"排"字的表达作用。

　　_____

　　_____

　　_____

4. 结合古诗内容，简析作者抒发的思想感情。

　　_____

　　_____

　　_____

---

①自古：从古以来，泛指从前。

②逢：遇到

③寂寥：空旷无声，萧条空寂，这里指景象凄凉。

④春朝（zhāo）：春初。朝，有早晨的意思，这里指的是刚开始。

⑤排云：推开白云。排：推开，有冲破的意思。

⑥碧霄：青天。

5. 秋天可写的景物有很多，刘禹锡在诗中为什么只写冲天而上的一鹤？有什么深意？

_____

_____

_____

【赏 析】

　　这首诗是刘禹锡被贬朗州后所作，当时作者正处在人生低谷，仕途不顺，但他没有气馁，仍以乐观、豁达的人生态度积极面对。古人写秋多与愁苦、悲戚的情感联系在一起，而刘禹锡则一改前人悲秋的传统，一句"我言秋日胜春朝"，直抒胸臆，写出了自己对秋天的喜爱之情。"晴空一鹤排云上，便引诗情到碧霄。"这句诗借景抒情，通过描绘万里无云的晴空里，一只仙鹤推开云雾，冲上青天，将作者的诗也一同带到了天空的景象，表现了作者自信、豪放的性格特点，及不屈不挠的斗志。整首诗简洁明快，表现了诗人宽阔的胸襟和积极乐观的人生态度。

汉字大变脸

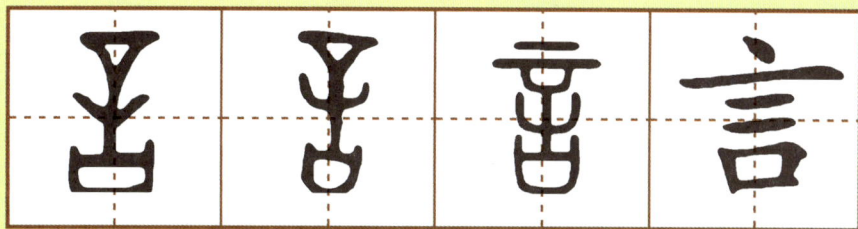

| 甲骨文 | 金文 | 小篆 | 楷体 |

　　言，像人张开嘴伸出舌头的样子，做偏旁时写作"讠"。含有"言"的字通常与说话有关，如"语""说""话""诉"。

拓展阅读

古都金陵的前世今生

　　你可能知道现在的南京是一座国际大都市，却不一定知道它的前身——金陵。你可能知道今天的南京是江苏省的省会，却不一定知道历史上的金陵曾经是好几个朝代的都城。那么金陵到底是一座怎样的都城，它为什么会如此迷人呢？在这里又有哪些不为人知的故事呢？下面，就让我们一起走进金陵看一看。

　　说起金陵，就不得不从春秋战国说起。公元前306年，楚威王在石头山建造了金陵邑。"陵"是山的意思，"金陵"据说指的就是今天南京城里的紫金山。这时的金陵还只是一座小城镇。到了秦始皇统一中国时，金陵被改名为"秣（mò）陵"。三国时期，吴国君主孙权定都金陵，这是金陵第一次成为一个政权的首都。后来的东晋和宋、齐、梁、陈四朝都把金陵作为都城，先后改名为"建业""建康"。虽然从吴到陈六个朝代总共只持续了三百多年，但金陵仍然是当之无愧的"六朝古都"。后来在五代南唐、明朝和中华民国时期，金陵又多次成为首都，可见它在中国的政治地位多么重要啊！

　　金陵不仅是政治中心，还是重要的文化名城。城内的紫金山、玄武湖、秦淮河和明故宫遗址都是名胜古迹。历代的文人墨客来到这里，都会感叹这座都城的历史变迁，并留下许许多多饱含深情的诗篇。李白的《金陵三首》《登金陵凤凰台》，刘禹锡的《金陵五题》等等，都是流传千古的佳作。不仅如此，《红楼梦》的作者曹雪芹也出生在这里，《红楼梦》里描绘的贾府和大观园就坐落在繁华的金陵城。虽然这座城市有着各种各样的名字，但文人们还是最爱把它叫作"金陵"，仿佛只有这个名字，才能唤起这座城市旧时辉煌的历史。去这座城市看看，说不定你也能写出一首不错的诗哩！

第 4 讲 韩 愈

知识背景

　　韩愈是唐代杰出文学家，"古文运动"的倡导者，提出"不平则鸣""文以载道"的文学主张，被苏轼誉为"文起八代之衰"，与柳宗元、欧阳修、苏轼合称"千古文章四大家"。

　　他的很多作品都被选入了初中语文教材，其中《早春呈水部张十八员外》被选入苏教版七年级上册和人教版八年级下册，《马说》被选入人教版八年级下册和苏教版八年级下册，《左迁至蓝关示侄孙湘》被选入人教版九年级下册。

重点难点

1. 通过佛骨事件，理解韩愈忠勇的品质。
2. 赏析《早春呈水部张十八员外》，体会韩愈笔下的早春景色。
3. 赏析《马说》（节选），体会韩愈怀才不遇的悲愤。

著作推荐

1. 书目推荐：《阅读韩愈》，南京大学出版社，阎琦著。
2. 视频推荐：《百家讲坛——唐宋八大家之韩愈》，康震主讲。

人物名片

韩愈（768 年—824 年）

字退之，唐代文学家，"古文运动"的领袖，提出"复兴儒学"的思想主张和"不平则鸣""文以载道"的文学主张。他与柳宗元、欧阳修、王安石、苏轼、苏辙（zhé）、苏洵（xún）、曾巩合称为"唐宋散文八大家"，并被后人誉为"唐宋八大家"之首。

代表作：诗歌《早春呈水部张十八员外》，散文《马说》《师说》。

公元前 792 年	24岁	第四次参加科举考试，登进士第。
公元前 796 年	28岁	第三次参加博学鸿词科考试未中，作《马说》讽刺朝廷不识人才。
公元前 803 年	35岁	忠言直谏却遭人陷害，被贬为阳山县令。
公元前 817 年	49岁	披挂上阵，凭一封劝降信，便让叛军主帅缴械投降。
公元前 819 年	51岁	作《论佛骨表》，反对奉迎佛骨，惹怒唐宪宗，被贬为潮州刺史。
公元前 824 年	56岁	病逝家中，后葬于河阳，获赠礼部尚书，谥号文。

课前漫画

好马真的难找吗？好马要到哪里去找呢？让我们一起去《马说》中寻找答案吧！

惹祸上身的佛骨

韩愈在晚年经历了一次大变故，因为给唐宪宗写了一封《论佛骨表》的奏章，他被贬到偏远的广东潮州。"佛骨"是什么？韩愈到底说了什么惹怒了皇帝呢？

陕西凤翔的法门寺里有一座宝塔，塔里供奉着一根骨头，据说是释迦牟尼佛祖留下来的一节手指骨，这就是韩愈说的"佛骨"。唐宪宗晚年迷信佛法，有人对他说，要是能把佛骨迎到皇宫里来，让皇帝大臣们都来参拜，就能够求得风调雨顺。唐宪宗特地派了三十人的队伍到法门寺把佛骨接到长安。许多人千方百计想得到观看佛骨的机会，有钱的就到佛骨面前捐了香火钱；没钱的，就用香火在头顶、手臂上烫几个香疤，表示对佛骨的尊敬和崇拜。

可韩愈跟别人不一样，他向来是不信佛的，更重要的是，他对这样铺张浪费地迎接佛骨的做法很不满意，就给唐宪宗上了一道奏章反对迎佛骨，并在奏章里说了许多"历史上凡是信佛的王朝，寿命都不长"等不吉利的话。唐宪宗非常生气，要处死韩愈。大臣们纷纷给韩愈求情，唐宪宗只好饶韩愈不死，把他贬到潮州去了。在去潮州的路上，韩愈写了一首诗，叫作《左迁至蓝关示侄孙湘》：

一封朝奏九重天，夕贬潮阳路八千。

欲为圣明除弊事，肯将衰朽惜残年。

云横秦岭家何在，雪拥蓝关马不前。

知汝远来应有意，好收吾骨瘴江边。

虽然遭遇了被贬官的命运，但韩愈为国家出力的决心并没有改变。读了这首诗，你是不是也被他的坚定信念感动了呢？

每课金句

书山有路勤为径，学海无涯苦作舟。

——韩愈

作品赏析

（一）

春天是万物复苏的季节，你留心观察过春天的景色吗？温暖的春风，细细的春雨，使一草一木都充满了新的生机。下面的这首诗是韩愈对初春时节景色的描写。读一读，看看这是你熟悉的春天吗？

早春呈① 水部张十八员外②

【唐】韩愈

天街③小雨润如酥④，草色遥看近却无。
最是一年春好处，绝胜烟柳满皇都⑤。

---

①呈（chéng）：恭敬地送给。

②水部张十八员外：指唐代诗人张籍，作者的朋友。

③天街：洛阳城里的定鼎（dǐng）门大街。

④酥：奶油、酥油。这里是形容春雨的滋润。

⑤皇都：指洛阳城，唐代的东都。

【阅读理解】

1. 给下列加点字注音

韩愈（　　　）　　　　酥（　　　　）

2. 《早春呈水部张十八员外》中如画家设色作画，描绘早春特有景色的句子是：＿＿＿＿＿＿＿＿＿＿＿＿＿＿＿，＿＿＿＿＿＿＿＿＿＿＿＿＿＿＿。

3. 找出诗句中的一处比喻，并说明使用比喻的好处。

＿＿＿＿＿＿＿＿＿＿＿＿＿＿＿＿＿＿＿＿＿＿＿＿＿＿＿＿＿＿＿＿＿

＿＿＿＿＿＿＿＿＿＿＿＿＿＿＿＿＿＿＿＿＿＿＿＿＿＿＿＿＿＿＿＿＿

4. 诗人抓住了哪些景物，描摹出早春特有的景致？全诗表达了诗人怎样的思想感情？

＿＿＿＿＿＿＿＿＿＿＿＿＿＿＿＿＿＿＿＿＿＿＿＿＿＿＿＿＿＿＿＿＿

＿＿＿＿＿＿＿＿＿＿＿＿＿＿＿＿＿＿＿＿＿＿＿＿＿＿＿＿＿＿＿＿＿

【赏　析】

　　这是一首清新自然的小诗，写的是初春时的小雨和雨中新生的小草。春雨洗去了街市的尘土和浮躁，不仅滋润了土地，也如一股甘泉流入了人们的心田。刚钻出泥土的小草稀稀疏疏的，远看是一片朦朦胧胧的淡绿，走近它们，却看不清有什么颜色了。在诗的最后两句，诗人由衷地赞美了早春时节的景色，说它完全胜过了处处柳树低垂的晚春景象。其实早春、晚春都有各自的美好之处，作者并不是想评判究竟哪个时候最美，他是在抒发自己那一种热爱新生命、向往新鲜活力的心情。

（二）

　　《马说》是《韩愈文选》中《杂说》的第四篇，"马说"这个题目是后人所加。此文作于795年至800年之间，这时韩愈初登仕途，很不得志，多次上书，却未被采纳，不禁发出"伯乐不常有"的感叹。

马说（节选）

【唐】韩愈

世有伯乐①，然后有千里马②。千里马常有，而③伯乐不常有。故虽有名马④，祗辱于奴隶人之手⑤，骈死于槽枥之间⑥，不以千里称也⑦。

【阅读理解】

1. 给下列加点字注音。

祗（　　　）　　　骈（　　　）　　　槽枥（　　　）（　　　）

2. 表明千里马和伯乐关系的句子是：_____，
_____。

3. 作者借"千里马"不遇"伯乐"的遭遇，寄托了怎样的思想感情？

_____

_____

4. 请结合实际谈谈你对"世有伯乐，然后有千里马"一句的理解？

_____

_____

①伯乐：孙阳。春秋时人，擅长相（xiàng）马（现指能够发现人才的人）。

②千里马：原指善跑的骏马，可以日行千里。现在常用来比喻人才；特指有才华的人。

③而：表转折，可是，但是。

④故虽有名马：所以即使有名贵的马。故：因此。虽：即使。名：名贵的。

⑤祗辱于奴隶人之手：也只能在马夫的手里受到屈辱（或埋没）。祗：只是。奴隶人：古代也指仆役，这里指喂马的人。

⑥辱：这里指受屈辱而埋没才能。骈死于槽枥之间：（和普通的马）一同死在马厩里。骈，两马并驾。骈死：并列而死。于：在。槽枥：喂牲口用的食器，引申为马厩。

⑦不以千里称也：不因日行千里而著名。指马的千里之能被埋没。以：用。称：出名。

〖赏 析〗

　　这篇文章以马为喻，借"千里马"不遇"伯乐"的遭遇，表达了作者怀才不遇的心境。韩愈生活在中唐时期，当时朝廷政治黑暗，奸佞（jiān nìng）当权，有才之士不受重视，韩愈无法实现自己的理想抱负，所以写下《马说》，表达了自己对统治者不能识别人才、重视人才的强烈愤慨以及内心苦闷、抑郁的悲凉心情。

汉字大变脸

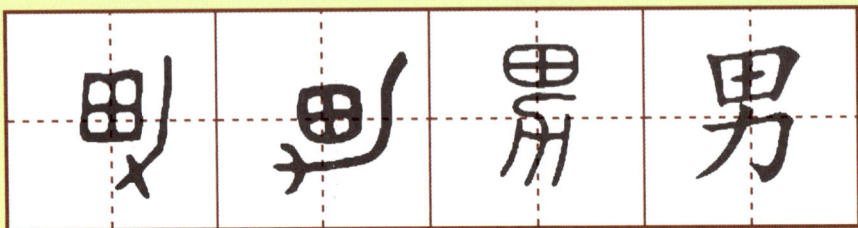

甲骨文	金文	小篆	楷体

　　甲骨文的"男"字，田表示田野，庄稼地，表示体力，合起来表示种地的劳力。

拓展阅读

"东都" 洛阳

　　"天街小雨润如酥，草色遥看近却无。"韩愈这句对早春的描写可谓是家喻户晓，那你知道天街是哪里吗？天街指的是洛阳城里的定鼎门大街。洛阳（今河南洛阳）是唐朝的东都，也是我国重要的历史文化名城。洛阳是隋朝后期兴起的大都市，是当时仅次于长安的全国第二大城市。它位于我国的中心地带，又有大运河经过，地理位置十分优越。在隋唐两朝，洛阳的政治地位也迅速上升，成为国家的"东都"。对于普通老百姓来说，洛阳最美丽的风景莫过于城中千姿百态的牡丹。牡丹是富贵吉祥的象征，关于它，还有一个著名的故事呢！

传说武则天做皇帝时，洛阳城曾下过一场大雪。武则天带着宫女和随从出来赏雪，看着这一片粉妆玉砌的世界，非常高兴。这时，武则天突发奇想："白茫茫的大雪虽然好看，但毕竟有些单调。如果能有一些花就好了！"可是这么冷的冬天，哪里会有花开呢？刚刚当上皇帝的武则天很骄傲，给百花仙子们下了一道诏书，命令她们第二天早上全部开花。百花仙子们慌了神，连夜召开会议。胆小的仙子们不敢招惹武则天，都同意第二天开花。只有倔强的牡丹仙子站出来说："武则天也太霸道了！她本领再大，也只是人间的皇帝，管不到我们天上的事。我明天偏不开花，看她能把我怎样？"第二天武则天来到花园一看，果然百花齐放，煞是好看。她正兴致勃勃地欣赏着白雪中的花园，突然发现牡丹园仍然是光秃秃的一片。武则天顿时怒火中烧，破口大骂："好个牡丹，竟敢违抗我的命令，立即把它们烧光！"随从们在牡丹园点起了大火，牡丹花枝不一会儿就被烧成了灰。牡丹仙子在天上看见这一切，十分心痛。没想到武则天还是不解气，命令侍卫们把牡丹花根也通通挖出来，扔到洛阳城外的山上，想让它们从此消失。可不服输的牡丹仙子咽不下这口气，她让这些牡丹花在洛阳的荒郊野岭扎下根来，开得又多又好，人见人爱，洛阳城里的居民都来欣赏，还把它们挖出来，带回家里种植。渐渐地，洛阳成了一座牡丹之城，家家都盛开着美丽的牡丹，而牡丹花也成了这座城市的象征。

第 5 讲 柳宗元

知识背景

柳宗元是中唐文坛的代表作家之一，位列"唐宋八大家"之一。他一生留下诗文作品达六百余篇，其中文章成就大于诗歌。散文言辞犀利，论说性强；游记成就颇高，确立了山水游记作为独立的文学体裁在文学史上的地位。此外，他的许多寓言故事也流传广泛，家喻户晓。

他的很多作品都被选入了中小学语文教材：《江雪》被选入北师大版四年级上册，《吾腰千钱》被选入北师大版六年级下册，《黔之驴》被选入苏教版七年级下册，《小石潭记》被选入苏教版八年级上册和人教版八年级下册，《捕蛇者说》被选入苏教版九年级上册。

重点难点

1. 了解柳宗元的生平经历，感受其刚直不阿、心怀天下的品质。
2. 赏析《江雪》，理解柳宗元孤独寂寞的心境。
3. 赏析《黔之驴》，理解其中的讽刺意义。

著作推荐

1. 书目推荐：《乱世文豪柳宗元》，武汉大学出版社，东方慧子著。
2. 视频推荐：《百家讲坛——唐宋八大家之柳宗元》，康震主讲。

人物名片

柳宗元（773 年—819 年）

字子厚，山西河东（今山西省永济市）人，世称"柳河东"。因为做过柳州刺史，又称"柳柳州"。唐宋八大家之一，他与韩愈合称"韩柳"，与刘禹锡并称"刘柳"。著有《柳河东集》。

代表作：诗歌《江雪》《溪居》，散文《黔之驴》《小石潭记》《捕蛇者说》。

公元前 793 年	20岁	中进士做官，深入了解政治的黑暗腐败，萌生改革愿望。
公元前 805 年	32岁	参与永贞革新，失败后贬为永州司马，游历山水。
公元前 815 年	42岁	奉诏回京，同年又被贬为柳州刺史。
公元前 817 年	44岁	在柳州解放奴隶，兴办学堂，开凿水井，造福于民。
公元前 819 年	46岁	在柳州因病去世。

课前漫画

这只新来的驴子到底有何过人之处呢？连凶猛的老虎都不敢靠近它半步。最后它又是如何被老虎吃掉的呢？让我们一起去《黔之驴》中寻找答案吧！

在贬谪中成长的柳宗元

柳宗元是唐代杰出文学家，他为人刚正不阿，清高自傲，一生多次被贬官，其中以永州和柳州最为出名。

永贞革新失败后，柳宗元被贬永州。永州环境极其恶劣，田野里到处都是毒蛇和大马蜂，但柳宗元也有了饱览山水、了解民间疾苦的机会，于是在长达十年的谪居生涯中，他诗文取得了巨大的成就，写下了大量的传世佳作，如诗歌《江雪》，散文《捕蛇者说》，寓言《黔之驴》等。

后来，柳宗元曾一度奉诏回京，可仅仅在京城待了一个月，因为政敌的仇视，又一次被贬出京城，这一次是柳州。

柳州比永州更为僻远艰苦，柳宗元在这里度过了人生中最后的四年。作为一个地方官，他鞠躬尽瘁，为柳州百姓办了许多好事，其中一件就是释放奴婢。柳州是一个荒蛮之地，当时还保留着落后的奴隶制度："以男女质钱，约不时赎，子本相侔，则沦为奴婢。"意思是说你如果欠钱不还的话就会沦为奴婢，而一旦做了奴婢就终身都是奴婢。于是柳宗元发布了政令，"革其乡法"，使得那些沦为奴婢的人，仍可用钱赎回。政令中还制定了一套释放奴婢的办法，规定已经沦为奴婢的人，在为债主服役的期间，可以按照劳动时间来折算工钱。工钱抵完债后可恢复自由，回家与亲人团聚。这一举动受到广大贫困百姓的欢迎，后来推行到柳州以外的州县。

不仅如此，柳宗元还大力发展文化教育事业，兴办学堂，让更多的孩子有读书的机会。他还开凿水井，使世世代代靠天吃饭、靠喝雨水和河水长大的柳州人，喝上了清冽的井水。因为柳宗元在柳州的巨大贡献，人们称他为"柳柳州"。

每课金句

> 文以行为本，在先诚其中。
>
> ——柳宗元

作品赏析

（一）

　　《江雪》是柳宗元在永贞革新失败，被贬永州之后所作，当时他的精神极为压抑，只能借在寒江垂钓的渔翁，抒发自己孤独寂寞的心情。

江雪

【唐】柳宗元

千山鸟飞绝①，万径②人踪③灭。
孤④舟蓑笠⑤翁，独⑥钓寒江雪。

---

①绝：无，没有。

②万径：虚指，指千万条路。

③人踪：人的脚印。

④孤：孤零零。

⑤蓑笠：蓑衣和斗笠。笠：用竹篾编成的帽子。（"蓑"，古代用来防雨的衣服；"笠"，古代用来防雨的帽子。）

⑥独：独自。

【阅读理解】

1. 给下列加点字注音。

   径（   ）　踪（   ）　蓑（   ）　笠（   ）

2. 诗中描写万籁俱寂，没有人烟的诗句是：_____，

   _____。

3. 用自己的话翻译"孤舟蓑笠翁，独钓寒江雪"。

   _____

   _____

   _____

4. 结合全诗，简要分析作者的思想感情。

   _____

   _____

   _____

【赏　析】

　　柳宗元写的山水诗，多把环境渲染得较为幽僻，以此来衬托自己孤寂、凄清的心境，这首《江雪》正是如此。诗人只用了二十个字，就描绘了一幅清幽寒冷的画面：杳（yǎo）无人烟的江面上，放眼望去，白雪遍地，只有一位老渔翁，独自一人在江边垂钓。这个性格孤傲的渔翁正是诗人自身的写照，表现了他在政治改革失败后虽被贬永州，处境孤独，仍然傲岸清高、顽强不屈的精神。

（二）

　　《黔之驴》是柳宗元写的最著名的寓言故事，相信你也听说过吧！在黔，也就是今天的贵州这个地方，原来是没有驴的，后来有人运来了一头驴，可又无处安置，只好把它放在了山脚下。老虎看到这个庞然大物，把它

当作神来对待，不敢靠近它，只能躲在树林里偷偷看它。接下来又会发生哪些故事呢？让我们一起从这篇寓言故事中寻找答案吧！

黔之驴（节选）

【唐】柳宗元

他日，驴一鸣，虎大骇①，远遁②，以为且噬③已也，甚恐。然往来视之，觉无异能者。益④习⑤其声，又近出前后，终不敢搏⑥。稍近，益狎⑦，荡倚冲冒⑧，驴不胜⑨怒，蹄⑩之。虎因喜，计之⑪曰："技止此耳⑫！"因跳踉⑬大㘎⑭，断其喉，尽其肉，乃去。

①大骇（hài）：非常害怕。

②遁（dùn）：逃走。

③噬：咬。

④益：逐渐。

⑤习：熟悉。

⑥终不敢搏：始终不敢袭击它。

⑦狎：态度亲近而不庄重。

⑧荡倚（yǐ）冲冒：形容老虎戏弄驴的样子。荡，碰撞。倚，靠近。冲，冲击，冲撞。冒，冒犯。

⑨胜：受得住。

⑩蹄：名词作动词，用蹄子踢。

⑪计之：盘算这件事。

⑫技止此耳：止，通"只"，仅。此，这些。只有这些本领罢了。

⑬跳踉（liáng）：跳跃。

⑭㘎（hǎn）：同"吼"，怒吼。

〖阅读理解〗

1. 给下列加点字注音。

骇（　　）　遁（　　）　噬（　　）　狎（　　）

2. 用自己的话解释这个句子："稍近，益狎，荡倚冲冒，驴不胜怒，蹄之。"

_____

_____

3. 本文生动形象地描写了虎的一系列动作，试举一例，并说说刻画了虎怎样的心理？

_____

_____

_____

4. 读了这篇柳宗元的《黔之驴》寓言，你明白了什么道理？请用一个成语概括这篇寓言的内容。

_____

_____

_____

〖赏　析〗

　　这篇寓言简洁精练，生动地叙述了一个惊险的故事。老虎扑杀驴子时那凶猛的样子，令人害怕。文中除了动作描写，作者把老虎的心理也写得十分精彩，他不光用了几个直接描写心理的词语，如"大骇""甚恐"和"虎因喜"，更通过描写老虎的行动，让我们联想到老虎此时的心情，甚至是脸上的神色。特别是最后一句中的"乃去"，虽然只有两个字，却令我们仿佛看到了老虎那副吃饱喝足、洋洋得意的样子。

汉字大变脸

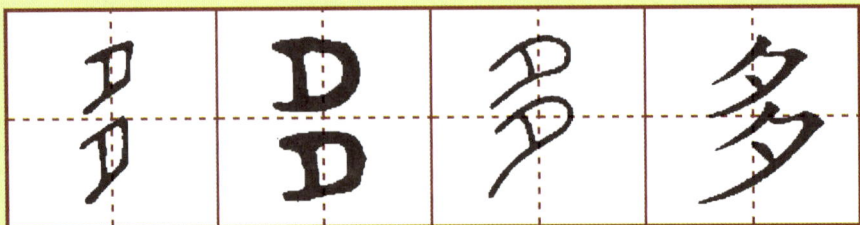

| 甲骨文 | 金文 | 小篆 | 楷体 |

甲骨文的"多"字，𠂤表示肉块，两个合起来表示两份肉食。在物质匮乏的原始共产平分时代，人们均分物用，尤其均分肉食，一人独占双份就是"超额"。

拓展阅读

世界上那些奇异的毒蛇

柳宗元一生创作了大量的诗文作品，其中许多优秀的名篇佳作都流传了下来，《捕蛇者说》就是其中之一，文中提到了永州野外有一种毒蛇"黑质而白章"，据推测，很有可能就是今天我们所说的五步蛇。

五步蛇又叫棋盘蛇，因其全身黑质白花，故又名白花蛇。这种蛇毒性极强，是我国十大毒蛇之一。相传人被这种蛇咬伤后，不出五步即死，所以称之为五步蛇。五步蛇的头呈三角形，背部为黑褐色，头腹及喉部为白色，其间散布着少数黑褐色斑点，尾尖有一枚又尖又长的鳞片，当捕蛇之人将它逼得无路可走时，它就会调转尾巴，破腹自杀。

除五步蛇外，还有一种高智商的毒蛇，叫眼镜王蛇，它是世界上最长的

毒蛇。虽然它体形巨大，反应却很灵敏，性情也极为凶猛，是一种侵略性极强的毒蛇。它们一般以与之相近的其他蛇类为食，如金环蛇、银环蛇、眼镜蛇等，所以在眼镜王蛇的领地，一般不会见到其他的蛇，它们要么卷铺盖走人，要么早已成了眼镜王蛇的腹中之物了。如果大家不幸碰到了一只眼镜王蛇，但它正趴在家门口守护幼崽，那也算是不幸中的万幸了，这个时候你最好是慢慢地绕开它，否则它一旦被激怒，那真是要"至死方休"啊！

还有一种蛇叫做青竹蛇，又名竹叶青。这种蛇在毒蛇界算不上老大，它的毒性较轻，但因其皮肤是绿色的，能和竹子等植物混于一体，不易发现，攻击性又强，所以也被列入了十大毒蛇之一。

怎么样，认识了这么多的毒蛇，你背后有没有一种凉飕飕的感觉啊？你知道的毒蛇还有哪些，来和大家分享一下吧！

第 6 讲　李商隐

知识背景

　　李商隐是晚唐著名诗人，擅长七言律绝。他的诗歌多构思巧妙，意味深长，尤其是爱情诗和无题诗更是写得朦胧含蓄，唯美细腻，为人称道。后人将他与杜牧合称为"小李杜"，与温庭筠合称为"温李"。

　　他的很多作品都被选入了中小学语文教材：《嫦娥》被选入人教版三年级下册，《乐游原》被选入北师大版五年级上册，《夜雨寄北》被选入北师大版五年级下册、人教版七年级上册和苏教版八年级下册，《无题》被选入人教版八年级下册和苏教版八年级下册，《赠荷花》被选入苏教版七年级下册。

重点难点

1. 了解李商隐的生平及对其作品风格的影响。
2. 理解李商隐长于用典的诗歌风格。
3. 赏析《嫦娥》和《夜雨寄北》，理解李商隐的抒情方式。

著作推荐

1. 篇目推荐：李商隐《乐游原》《无题》《锦瑟》。
2. 书目推荐：《锦瑟哀弦——李商隐传》，董乃斌著，作家出版社。

人物名片

李商隐（813年—858年）

字义山，号玉溪生，又号樊南生，唐代晚期诗人，诗歌风格优美新奇。与杜牧合称"小李杜"，与温庭筠合称"温李"，著有《李义山诗集》。

代表作：《嫦娥》《夜雨寄北》《乐游原》《无题》。

公元前 829年	16岁	师从白居易、令狐楚等前辈学习写作，政治上被划入"牛党"。
公元前 838年	25岁	考中进士，投奔王茂元，并娶其女儿，成为"李党"。
公元前 842年	29岁	母亲去世，因回家守孝，错过了升迁的机会。
公元前 851年	38岁	转徙西南，因思念家乡，写下《夜雨寄北》。
公元前 858年	45岁	一生不得志，在郑州病故。

📎 课前漫画

　　李商隐才华横溢，连白居易读了他的文章都不禁啧啧称赞，想死后投胎做他的儿子。李商隐到底厉害在哪儿呢？

知识链接

令人头疼的"獭（tǎ）祭（jì）鱼"

　　李商隐是晚唐杰出的大诗人，但他的很多诗读起来都会让人觉得特别头疼，这是为什么呢？原来李商隐很喜欢在他的诗句里运用古书中的典故，尤其喜欢用那些十分少见的典故。为了找到新奇的典故，他常常会翻很多别人不会看的书，没有读过那些书的人不知道那些典故，当然也就读不懂他的诗了。

　　李商隐的这个爱好让喜爱他的读者们非常烦恼，于是有一位先生给他起了个外号，叫作"獭祭鱼"。獭就是我们今天看到的水獭，是一种水陆两栖动物，平时生活在水里，喜欢吃鱼。《礼记·月令》中说："鱼上冰，獭祭鱼。"就是说初春时候，河里的冰开始融化了，水里的鱼就跳到冰面上来。等在一边的水獭会趁机捉住这些鱼，把它们摆成一排放在面前，像是在摆放给祖先上供用的东西一样。这位先生的意思是说，李商隐写诗时，总要在面前摆上一排古书，挨个翻看，看到什么奇怪的典故就记下来，用到自己的诗里去，这像一只面前摆了一排鱼的水獭一样。

　　挖苦归挖苦，李商隐诗里的典故虽然难懂，但还是很有意思的。比如《锦瑟》中的"沧海月明珠有泪"，用的就是《搜神记》中鲛（jiāo）人的典故。传说南海边上有一只人鱼，住在水里，哭泣的时候眼睛里流出的不是眼泪，而是一颗颗的珍珠。李商隐说的"珠有泪"就是这个人的眼泪，可不是"泪汪汪的珍珠"啊！看来，要读懂他的诗，确实要多读一些书呢！

每课金句

　　春蚕到死丝方尽，蜡炬成灰泪始干。

——李商隐《无题》

作品赏析

（一）

李商隐一辈子都处在"牛李党争"的夹缝之中，这让他很不得志。《嫦娥》就是诗人讽刺宦官当权、朝政黑暗的诗作。

嫦娥①

【唐】李商隐

云母屏风②烛影深，长河渐落晓星沉③。
嫦娥应悔偷灵药，碧海青天④夜夜心。

【阅读理解】

1. 给下列加点字注音。

嫦娥（　　　　）　　　　屏风（　　　　）

2. 诗中"＿＿＿＿＿＿＿＿＿＿＿＿，＿＿＿＿＿＿＿＿＿＿＿＿"。通过屋内屋外的环境描写，表现了嫦娥清冷寂寞的处境。

---

①嫦娥：古代神话中的月中仙女。《淮南子·览冥训》："羿请不死之药于西王母，恒娥窃以奔月。""恒"又作"姮"。

②云母屏风：嵌着云母石的屏风。此言嫦娥在月宫居室中独处，夜晚，唯烛影和屏风相伴。

③长河渐落晓星沉：银河逐渐向西倾斜，晓星也将隐没，又一个孤独的夜过去了。

④碧海青天：指嫦娥的枯燥生活，只能见到碧色的海、深蓝色的天。

3. 作者通过"_____""_____""_____"几个词表明时间已经到了将晓未晓的时候，并用一个"_____"字暗示了时间的推移流逝。

4. 从抒情方式看，"碧海青天夜夜心"是全诗直接抒情的句子，点明嫦娥心中的_____。

【赏 析】

《嫦娥》是李商隐写的一首咏嫦娥的诗。诗人当时正处于"牛李党争"的漩涡之中。牛党代表寒门士人，他们通过科举步入仕途；李党代表世家大族，他们通过门荫进入官场。两派激烈斗争导致皇权旁落，宦官当权。面对如此黑暗的政治现实，李商隐想要摆脱尘俗，追求高洁，但结果往往使自己陷于更加孤独的境地。面对此情此景，诗人不禁想到了月宫中的嫦娥，她偷吃灵药，飞天成仙，却孤独寂寞；李商隐不想与官场小人同流合污，却也难觅知音，内心煎熬，因此这首诗正是他当时矛盾心情的真实写照。

（二）

李商隐的诗大多优美华丽，又包含很多新奇的典故。但《夜雨寄北》却是一首很特别的诗，短短四句，没有用一个典故，却充满了脉脉深情，有着简单而深沉的美。

夜雨寄北

【唐】李商隐

君问归期未有期，巴山①夜雨涨秋池。

---

①巴山：巴蜀（shǔ）地区的山，指今天的四川省一带。

何当^①共剪西窗烛^②，却^③话巴山夜雨时。

〖阅读理解〗

1. 给下列加点字注音。

   李商隐（　　　）　　　剪烛（　　　）

2. 诗中写思归而不得的愁苦之情的诗句是：＿＿＿＿＿＿＿＿＿＿＿＿＿＿，

   ＿＿＿＿＿＿＿＿＿＿＿＿＿＿＿＿＿＿。

3. "何当共剪西窗烛，却话巴山夜雨时。"这两句诗中，诗人想象了怎样的情景？

   ＿＿＿＿＿＿＿＿＿＿＿＿＿＿＿＿＿＿＿＿＿＿＿＿＿＿＿＿＿＿

   ＿＿＿＿＿＿＿＿＿＿＿＿＿＿＿＿＿＿＿＿＿＿＿＿＿＿＿＿＿＿

   ＿＿＿＿＿＿＿＿＿＿＿＿＿＿＿＿＿＿＿＿＿＿＿＿＿＿＿＿＿＿

4. 结合全诗，简要分析作者的思想感情。

   ＿＿＿＿＿＿＿＿＿＿＿＿＿＿＿＿＿＿＿＿＿＿＿＿＿＿＿＿＿＿

   ＿＿＿＿＿＿＿＿＿＿＿＿＿＿＿＿＿＿＿＿＿＿＿＿＿＿＿＿＿＿

   ＿＿＿＿＿＿＿＿＿＿＿＿＿＿＿＿＿＿＿＿＿＿＿＿＿＿＿＿＿＿

〖赏　析〗

　　《夜雨寄北》是一首李商隐寄给亲友的诗，也是一封回信。那时诗人在四川一带的山里居住，这首诗是寄到长安城里的。有人说收信人是诗人的妻子，也有人说是他的朋友。诗的第一句是回答对方的问题："你什么时候

---

①何当：什么时候。

②共剪西窗烛：蜡烛烧久了，烧焦的烛芯会结成花一样的块状物，叫作烛花。烛花长了，蜡烛的火光就会跳动起来。为了让烛光稳定下来，就需要常常剪掉烛花。古人说剪烛，一般指的就是在烛光下谈话。

③却：再。

回来?"诗人的回答是:"还没有确定日期,这里夜里都在下着大雨。"接着他又表达了对重逢的渴望:"什么时候能与你彻夜长谈,何时你我能重新相聚,再来叙说今日巴山夜雨的情景呢?"整首诗就像在聊天一样,亲切自然,又流露出一种孤独的感觉。虽然不知道收信人是谁,但我们可以从诗中看出诗人与对方的亲密关系,以及他们彼此之间浓浓的思念之情。

汉字大变脸

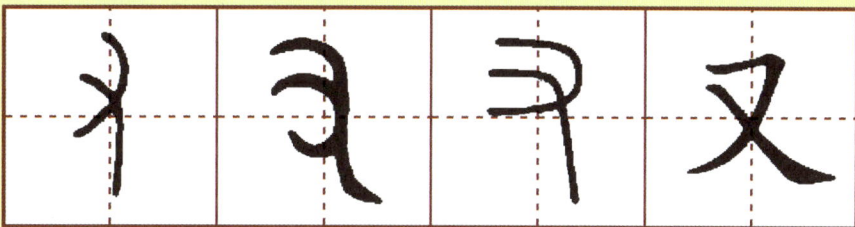

| 甲骨文 | 金文 | 小篆 | 楷体 |

甲骨文的"又"字,像伸手抓持的样子。

拓展阅读

求仙问道的帝王

　　李商隐生活在晚唐时期,当时朝廷衰败,唐武宗李炎对政治漠不关心。他一生笃信道教,欲求长生不老,命赵归真等道士没日没夜地炼制丹药,结果服了丹药后不久,年仅33岁的他便去地下见了爷爷和父亲。

　　纵观历史,历朝历代的帝王将相都在追寻仙丹灵药和长生不老之术,其中最狂热的就要数秦始皇了。秦汉时期炼丹风气盛行,秦始皇命人遍访民间方士,炼制丹药,以求长生不老。他将一生的光阴都耗费在了求仙问道上,却终不得果，更没尝过长生不老药是苦是甜。他愚昧无知的做法，成为千古笑柄，令人啼笑皆非。

唐太宗李世民，29岁登基即位，早年励精图治，使国家经济繁荣，百姓安居乐业，开创了"贞观之治"的大好景象。不想，到了晚年，唐太宗生活放纵，天天在后宫带着一帮人烟熏火燎地炼丹，结果服后中毒身亡。一代明君，就这样把生命断送在了方士手里，52岁便一命呜呼，令人惋惜。

雍正皇帝是中国封建王朝最后一位死于丹药的皇帝。在雍正执政期间，大清帝国逐渐走向鼎盛，然而，过度的操劳也使他体力不断下降，在生命即将结束之际，不得不求助于灵丹仙药，最后因服用丹药过多，中毒而死。

长生不老，得道升天，永远是皇帝们心中最美的梦，于是炼制丹药，服之以求长生不老，就成了许多皇帝的毕生追求。然而，他们这样折腾的结果，不仅劳民伤财，而且大大缩短了自己的寿命，有的皇帝年仅20多岁便因此丧命。

那么这些让历代皇帝着迷的丹药到底是什么呢？其实就是将大量的药材置于炼丹炉内，加以高温使其互溶，为了使丹药更易成型，又会加入汞、芒硝、朱砂、雄黄、雌黄、硫黄、硝石等金属或矿物。把那么多金属、矿物吃进肚子里，不中毒才怪呢！

第7讲 杜牧

知识背景

　　杜牧是晚唐杰出的诗人、散文家，他的诗文以七言绝句著称，内容上以咏史抒怀为主。他的诗歌题材宽广，风格多以豪放拗峭、清新隽永为主，在晚唐诗坛上成就颇高。后人称杜牧为"小杜"，与李商隐合称"小李杜"，以别于杜甫和李白的"大李杜"。

　　他的很多作品都被选入了中小学教材，其中《寄扬州韩绰判官》被选入北师大版四年级上册，《泊秦淮》被选入人教版七年级上册和苏教版八年级上册，《赤壁》被选入人教版八年级上册和苏教版七年级上册。

重点难点

1. 了解咏史诗的特点。
2. 简单了解杜牧的生平及对后世咏史诗的影响。
3. 赏析《赤壁》《泊秦淮》，感受作者忧国的情怀。

著作推荐

1. 诗词推荐：杜牧《清明》《泊秦淮》《过华清宫》。
2. 书目推荐：《诗剑风流——杜牧传》，张锐强著，作家出版社，2015年。

人物名片

杜牧（803年—852年）

字牧之，号樊川居士，有"杜紫微"之称，晚唐时期的诗人、散文家，人称"小杜"，以别于杜甫，与李商隐合称"小李杜"。晚年居住在长安的南樊川别墅，故后世称之为"杜樊川"，著有《樊川文集》。

代表作：《清明》《泊秦淮》《赤壁》等。

公元前803年	0岁	宰相杜佑之孙，家世显赫，排名十三，又称杜十三。
公元前825年	22岁	写下著名的讽刺时事的作品《阿房宫赋》。
公元前827年	24岁	写下长篇五言古诗《感怀诗》，表达了他对藩镇问题的见解，名声大噪。
公元前828年	25岁	进士及第，官至校书郎。
公元前842年	39岁	外放为黄州刺史，后任池州、睦州刺史。
公元前850年	47岁	升任吏部员外郎，却多次请求皇帝任命他为湖州刺史。
公元前852年	49岁	因病去世，死前将自己写的文章挑出十之二三，其余的一把火烧掉了。

课前漫画

杜牧途经骊山华清宫时，想到了曾经唐玄宗和杨贵妃在这里骄奢淫逸的生活，不禁有感而发，写下了《过华清宫绝句三首》，这是其一。平时紧闭的宫门为何都开了？骑马而来的差官又有什么急事？美丽的妃子又是因何而笑呢？原来是差官千里迢迢送来了新鲜的荔枝。

知识链接

咏史诗

咏史诗是我国古代诗歌中重要的一类，是以历史题材为写作对象的诗歌，大多是针对具体历史事件或历史人物有感而作。咏史诗起源于秦汉时期，在唐朝达到顶峰，诗歌史上第一首真正意义上的咏史诗是东汉时班固的《咏史》，西晋左思作《咏史诗》八首，开创了咏史诗的先河。

咏史诗从内容上可以分为述古、怀古、史论史评三大类。到了唐代，怀古咏史诗的创作蔚然成风，涌现出了刘禹锡、杜牧、李商隐等卓有成就的咏史大家。怀古咏史诗偏向怀古抒情，借古讽今，杜牧是一位现实主义诗人，他骨子里有很深的忧患意识，面对晚唐时衰败没落的现状，他有心报效国家，却无人赏识，心中充满矛盾，于是，他的作品中，出现了许多借古讽今的咏史诗，如我们漫画中提到的《过华清宫绝句》就是其中之一，"长安回望绣成堆，山顶千门次第开。一骑红尘妃子笑，无人知是荔枝来"。华清宫曾经是唐玄宗和杨贵妃的游乐场所之一，诗人去长安经过华清宫，想到二人骄奢淫逸之事，不由感慨万分，疾笔写下此诗。据《新唐书·杨贵妃传》记载："妃嗜荔枝，必欲生致之。乃置骑传递，走数千里，味未变，已至京师。"这首诗中，诗人正是截取了这一历史事实，为了博得美人一笑，不知累死了多少名差官和多少匹驿马，揭露了统治者为了满足自己的口腹之欲，不惜兴师动众、劳民伤财的现状，批判了封建统治阶级的荒淫无耻、昏庸无道，借古讽今，并以此警示世人。

现在再读这首诗，你是不是也有些不一样的感受呢？

每课金句

江东子弟多才俊，卷土重来未可知。

——杜牧

作品赏析

（一）

《赤壁》是杜牧的七绝代表作之一，诗人当时途经赤壁，想到三国时期英雄的成败，有感而发，写下此诗，对赤壁之战发表了自己的看法。

赤壁

【唐】杜牧

折戟①沉沙铁未销②，自将③磨洗④认前朝⑤。
东风⑥不与周郎⑦便，铜雀⑧春深锁二乔⑨。

---

①折戟：折断的戟。戟，古代兵器。

②销：销蚀。

③将：拿起。

④磨洗：磨光洗净。

⑤认前朝：认出戟是东吴破曹时的遗物。

⑥东风：指三国时期的一个战役——火烧赤壁。

⑦周郎：指周瑜，字公瑾，年轻时即有才名，人呼周郎。后任吴军大都督，曾参与赤壁之战并为此战役中的主要人物。

⑧铜雀：即铜雀台，曹操在今河北省临漳县建造的一座楼台，楼顶里有大铜雀，台上住姬妾歌妓，是曹操暮年行乐处。

⑨二乔：东吴乔公的两个女儿，一嫁前国主孙策（孙权兄），称大乔，一嫁军事统帅周瑜，称小乔，合称"二乔"。

〖阅读理解〗

1. 给下列加点字注音。

   戟（　　　）　　　　销（　　　）

2. 诗中"＿＿＿＿＿＿＿＿＿＿＿＿＿，＿＿＿＿＿＿＿＿＿＿＿＿＿"借一件古物来兴起对前朝人物和事件的慨叹。

3. 这是一首与三国的故事有关的诗，诗中评述的是哪一历史事件？周郎指哪个历史人物？二乔分别是哪两个人？

   ＿＿＿＿＿＿＿＿＿＿＿＿＿＿＿＿＿＿＿＿＿＿＿＿＿＿＿＿＿＿

   ＿＿＿＿＿＿＿＿＿＿＿＿＿＿＿＿＿＿＿＿＿＿＿＿＿＿＿＿＿＿

   ＿＿＿＿＿＿＿＿＿＿＿＿＿＿＿＿＿＿＿＿＿＿＿＿＿＿＿＿＿＿

4. "东风不与周郎便，铜雀春深锁二乔"是千古传诵的名句，请简要分析这二句抒发了作者怎样的思想感情？

   ＿＿＿＿＿＿＿＿＿＿＿＿＿＿＿＿＿＿＿＿＿＿＿＿＿＿＿＿＿＿

   ＿＿＿＿＿＿＿＿＿＿＿＿＿＿＿＿＿＿＿＿＿＿＿＿＿＿＿＿＿＿

   ＿＿＿＿＿＿＿＿＿＿＿＿＿＿＿＿＿＿＿＿＿＿＿＿＿＿＿＿＿＿

〖赏　析〗

　　杜牧的《赤壁》是一首怀古咏史诗，诗人在途经赤壁之战的古战场时，看着眼前古战场的遗留之物——沉浸在泥沙之中没被销蚀的折断了的戟，不禁思绪万千，想到曾经的赤壁之战，众所周知吴胜曹败，诗人却利用反向思维，提出大胆的设想：若不是当年的东风帮助周瑜的话，又会是怎样一番景象呢？或许大乔小乔早已被深深地锁在那高高的铜雀台之中了吧！诗人最后用了一个"锁"字，既突显了曹操风流的一面，也暗含其金屋藏娇之意，把硝烟弥漫的战争胜负写得含蓄而蕴藉，令人钦佩。诗人在感叹历史变迁、物是人非的同时，也借史事表达了自己心中的抑郁不平之气。

（二）

《泊秦淮》是诗人杜牧夜泊秦淮之时，听到歌女吟唱《玉树后庭花》，不禁触景生情，有感而作。

泊秦淮①

【唐】杜牧

烟②笼寒水月笼沙，夜泊③秦淮近酒家。
商女④不知亡国恨，隔江犹唱后庭花⑤。

【阅读理解】

1. 给下列加点字注音。

淮（   ）　　　　笼（   ）

2. 用优美的语言描述"烟笼寒水月笼沙"所描绘的画面。

_____

_____

_____

---

①秦淮：即秦淮河，发源于江苏句容大茅山与溧（lì）水东庐山两山间，经南京流入长江。相传为秦始皇南巡会稽时开凿的，用来疏通淮水，故称秦淮河。历代均为繁华的游赏之地。

②烟：烟雾。

③泊：停泊。

④商女：以卖唱为生的歌女。

⑤后庭花：歌曲《玉树后庭花》的简称。南朝陈皇帝陈叔宝（即陈后主）溺于声色，作此曲与后宫美女寻欢作乐，终致亡国，所以后世把此曲作为亡国之音的代表。

3. 真正"不知亡国恨"的是什么人？

_____

4. 结合全诗，简要分析作者的思想感情。

_____

_____

【赏 析】

　　杜牧的《泊秦淮》是一首感时伤怀之作。当时正值深夜，作者来到了金陵的秦淮河，在一片朦胧冷清的夜色之中，听着对岸的歌女在吟唱《玉树后庭花》，一派纸醉金迷、醉生梦死的景象，这也是对晚唐腐朽生活的侧面写照。听着这亡国之音，作者心中感慨万千。晚唐世风颓靡，国家衰落，陈后主荒淫亡国，整日沉迷于歌舞之中，不问政事，作者看似在批判歌女，实则是在讽刺那些在国之将亡之际，只顾自己享乐的统治者，含蓄表达了对国家命运的关切和忧虑。

汉字大变脸

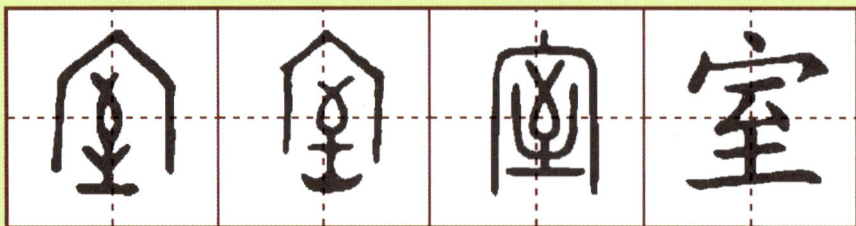

| 甲骨文 | 金文 | 小篆 | 楷体 |

　　甲骨文的"室"字，∧ 表示房屋，🔻 表示躺下，合起来表示倒卧睡觉的房屋。

拓展阅读

赤壁之战的天时、地利、人和

说到赤壁之战，大家肯定不陌生，东汉末年，孙、刘联军在长江赤壁一带一举大破曹军，成就了历史上以少胜多、以弱胜强的著名战役，也是三国时期"三大战役"中最为著名的一场。可单就这双方兵力来说，也不该是这样的结果啊，这到底是什么情况呢？就让我们一起来一探究竟吧！

话说当年曹操在平定北方之后，仍旧野心勃勃，写信给孙权下战书，想要一统天下。孙权也不能坐以待毙，就联合刘备一起抗曹。此时，曹操已率领八十万水军驻扎在赤壁，而孙刘联军却只有三万人，可谓是天差地别，本以为是一场必胜的战争，最后却输给了天时、地利、人和。

当时曹军从北方到南方，大多不识水性，且舟车劳顿，水土不服。士兵又不习惯在船上晃来晃去，便用铁索将舰船首尾连接起来，方便人马在船上行走。而诸葛亮和周瑜正是利用了这点，决定采用"火攻"的方法进攻曹军。一天夜里，刮起了一阵东风，周瑜派部下黄盖假意投降曹操，带着十艘战船，船上装着灌了油的柴草，向曹军驶去。在接近曹军之时，同时点火，火船乘风向曹操的战舰驶去，曹军战舰因为锁在一起，一时半会又解不开，没多久便成了一片火海。火又烧到了岸上，曹军死伤无数，只好北回，孙、刘各自夺取荆州的一部分。

这样，一场历史大战落下帷幕。连杜牧都不禁感叹："若不是那一场关键的东风给周瑜开了方便之门，二乔可能早被锁在了那深深的铜雀台之中了。"

第 8 讲　孟郊和贾岛

知识背景

　　孟郊与贾岛的作品继盛唐诗歌的宏大气势之后，拓宽了诗歌的题材范围，其中既有中下层文人对困苦生活的愁怨，又有对社会不公的揭露，还有对家庭亲情的细腻感悟。二人继杜甫之后，为现实主义诗歌继续向前发展开出了一条新路。

　　贾岛的《题李凝幽居》被选入人教版语文教材八年级上册，孟郊的《游子吟》被选入北师大版语文教材三年级下册和人教版语文教材六年级上册。

重点难点

1. 了解孟郊与贾岛的生平，体会"郊寒岛瘦"的含义。
2. 赏析《题李凝幽居》，感受贾诗中特有的清冷和孤寒。
3. 赏析《游子吟》，结合生活实际，感受细腻无私的母爱。

著作推荐

1. 诗词推荐：孟郊《征妇怨》《登科后》；贾岛《剑客》《寻隐者不遇》《病蝉》。
2. 篇目推荐：《乐死人的文学史（唐代篇）》，窦昕主编，石油工业出版社。

人物名片

孟郊（751年—814年）

字东野，唐代中晚期诗人。因为他作诗入迷，作不出就不出门，好像在家坐牢一样，所以人称"诗囚"，与贾岛齐名，苏轼称此二人"郊寒岛瘦"。

代表作：《游子吟》《登科后》。

公元前751年	0岁	生于清贫之家。
公元前780年	29岁	开始四处游走，为写诗积累了素材。
公元前792年	41岁	一考进士不中，结识韩愈，并得到韩愈的表扬推崇，从此诗名大振。
公元前796年	45岁	考中进士，作《登科后》。
公元前802年	51岁	不满官职而纵情山水，公务废弛，只得半俸。

贾岛（779年—843年）

字浪仙，唐代中晚期诗人，人称"诗奴"，自号"碣石山人"。贾岛作诗以选词炼字著名，喜欢写荒凉、寂寞的景象，给读者以孤苦清冷之感。

代表作：《暮过山村》《游子吟》《题李凝幽居》。

公元前779年	0岁	生于贫寒的落魄之家。
公元前811年	32岁	与韩愈相识，成为朋友。
公元前822年	43岁	科举考试写《病蝉》，被认为是"无才之人，不得采用"。
公元前834年	55岁	阴差阳错，赶走欣赏自己诗的皇帝。
公元前843年	64岁	孤苦一人死于普州。

课前漫画

　　贾岛，你能"自恋"到如此地步也是够了，但把欣赏自己大作的皇帝骂了个狗血喷头，这可是玩儿大了！贾岛究竟何许人也？有何大作？皇帝究竟能不能忍？一起学习吧！

知识链接

"推敲"的故事

　　说起"推敲"，那可是唐代大诗人贾岛的发明。贾岛写诗非常痴迷，就连赶路的时候也不忘构思诗句，他常常骑一头小毛驴，很多诗就是在这驴背上写出来的。贾岛第一次进京参加考试的时候，也是这样在大街上骑着驴往前走，口中念着自己作的诗："鸟宿池边树，僧敲月下门。"念着念着，他突然想到，用"推"字是不是更好些呢？于是又念道："鸟宿池边树，僧推月下门。"一边说，一边两手做推门的动作。他想来想去，又觉得还是"敲"更合适，又做出敲门的动作。街上的人看这个书生在驴背上一会儿推，一会儿敲，口中还念念有词，都以为他中了邪，纷纷停下来看他。贾岛却完全没有觉察，仍然在苦苦思索：到底是"推"还是"敲"呢？

　　这时传来一阵锣鼓声，围观的人们赶紧走开了，原来是韩愈的车马队伍过来了。当时的韩愈是京兆尹，也就是首都长安的市长。市长大人来了，百姓纷纷回避让路，只有贾岛骑着驴不紧不慢地往前走，嘴里还念着"僧敲月下门"，一直走到了韩愈的马车前面。侍卫们见他不回避，连忙拦住他，把他带到韩愈面前。贾岛对韩愈说："大人，实在抱歉，学生正在作诗，一时出神，没来得及回避。"韩愈说："你也爱作诗？念来听听。"贾岛面露难色，把那句诗念给韩愈听，问："大人觉得是'推'好，还是'敲'好呢？"韩愈认真地想了一会儿，说："还是'敲'好一些吧。夜深人静，拜访友人，先敲门是有礼貌的表现。再说，夜晚传来敲门声，更加能衬托夜晚的安静。"贾岛十分高兴，诗作成了，还和著名文学家韩愈成了好朋友。看来，"推敲"真是一件好事呢！

每课金句

掘井须到流，结交须到头。

——贾岛

作品赏析

（一）

刚刚听了贾岛"推敲"的故事，不知道你有什么感想呢？有时候，看上去普普通通的一个字，背后却藏着诗人苦苦思索的辛勤汗水呢！那么这首仔细"推敲"的诗到底怎么样呢？我们现在就来看看吧！

题李凝①幽居

【唐】贾岛

闲居少邻并，草径②入荒园。

鸟宿池边树，僧敲月下门。

过桥分③野色，移石动云根④。

暂去还来此，幽期⑤不负言⑥。

———————

①李凝：作者的朋友，一位住在山林里的隐士。

②草径（jìng）：径：小路。长满草的小路。

③分：划分，区分。指诗人过桥之后，田野的景色变得不一样了。

④云根：古人认为云生在山石上，石头就是云的根。

⑤幽期：幽雅的约会。

⑥负言：食言，失约。

〖阅读理解〗

1. 给下列加点字注音。

   草径（　　　）　暂（　　　）

2. "闲居少邻并，草径入荒园"一句用简洁的语言写出了李凝居处_____的特点，暗示出了他隐居的身份。

3. "僧敲月下门"一句中的"_____"字用得极其巧妙，起到了以_____衬_____的作用。

4. 《题李凝幽居》表现了诗人怎样的生活情趣？

   _____

   _____

   _____

〖赏　析〗

　　这首诗在整体上有独特的美感，特别能体现贾岛诗中特有的清冷和孤寒。诗中敲门的僧人就是早年出家做和尚的贾岛，他在一个寂静的夜晚，独自一人来到荒郊野外的朋友家做客。这本来已经是很孤独的感觉了，可是朋友又不在家，他只好再过桥翻山，自己一个人回去了。苍茫的旷野中，一个小小的身影，确实让人体会到苏东坡所说的"郊寒岛瘦"中那种干枯清瘦的形象。然而置身这片苍凉的景色中，诗人的心情却并不悲伤。他仍然满怀希望地期待着和朋友的下次相见呢！这样一来，整首诗便有了一点温暖的感觉。有了这份珍贵的友情，就连寂静深夜中的荒野也不会让人感到害怕和孤独了。

（二）

　　孟郊大部分的诗写的都是孤独痛苦的感情，让人读了就感到心痛。但他的作品中流传最广的一首，却是描写母子之情的《游子吟》，这首充满温情回忆的诗，使许多人感动得落泪。

游子吟①

【唐】孟郊

慈母手中线，游子②身上衣。
临行密密缝，意恐③迟迟归。
谁言寸草心④，报得三春晖⑤。

【阅读理解】

1. 给下列加点字注音。

吟（　　） 三春晖（　　）

2. 《游子吟》描绘了一位母亲为即将远行的儿子_____的动人情景，表现了无私细腻的母爱，同时也抒发了子女要_____的炽热情怀。诗中的"_____"后来成为母爱的代名词。

3. "临行密密缝，意恐迟迟归"表现了母亲什么样的情感？

_____

_____

_____

4. 这首诗把母爱比作什么？把自己比作什么？表达了作者怎样的思想感情？

_____

_____

_____

_____

①吟（yín）：中国古代诗歌的一种名称。

②游子：要出门远行的人，就是作者自己。

③恐：担心，恐怕。

④寸草心：寸草，一种叫作"萱草"的植物，在古代用来表示儿女对母亲的感情。

⑤三春晖（huī）：三春，春天的三个月。晖，阳光。三春晖指母亲对儿女温暖的爱。

【赏 析】

明天诗人就要离开家乡四处漂泊，本来心中已经充满不舍，这时又看见灯下母亲为自己缝补衣服的身影，诗人再也不能控制自己的感情，写下了这首《游子吟》。虽然母亲只是一针一线地缝着衣服，并没有说什么话，但诗人知道，母亲已经将满满的爱和思念缝进了这件衣服。出门在外的时候，身上穿着的不只是衣服，还有母亲的爱子之心。

母亲为孩子做了太多太多，然而当孩子长大，却不能常常陪伴母亲。这份最重的恩情，恰恰是我们最难报答的。当人慢慢长大，就会越来越感觉到这种无奈。

汉字大变脸

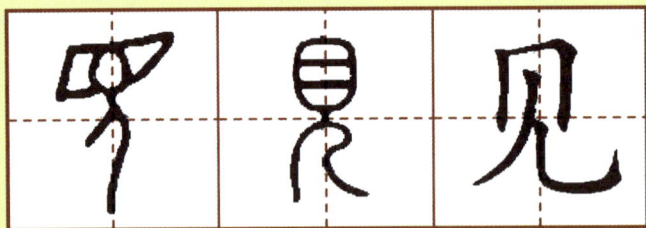

甲骨文　　　小篆　　　楷体

甲骨文的"见"字，![眼睛]表示眼睛，![人]表示人，合起来表示人睁着眼睛看。

拓展阅读

母亲节的来历

读了《游子吟》之后，已经感受到了细腻无私的母爱，我们应该把对母亲的爱表达出来，而母亲节就是一个表达感恩母爱的好机会。

五月的第二个星期日是母亲节。在这一天，全世界的孩子都要祝母亲节日快乐，并为她们送上小礼物，感谢母亲的养育之恩。那你知道母亲节是怎么来的吗？

最古老的母亲节习俗起源于古希腊。但他们不是为自己的母亲庆祝节日，而是敬拜希腊众神之母瑞亚。现代的母亲节则起源于美国。1876年，美国南北战争刚刚结束，人们沉浸在沉痛哀悼的气氛中。在礼拜堂做服务生的查维斯夫人发表了一篇演说，呼吁人们为所有的母亲，特别是那些在战争中失去儿子的母亲设立一个节日，来纪念和赞扬她们。在查维斯夫人有生之年，她的这一心愿并没有实现。在她逝世之后，她的女儿为了完成她的遗愿，写信给美国社会各界的名人，希望他们支持设立母亲节。终于，在1907年5月12日，安德烈卫理教堂答应了安娜的请求，在教堂里为母亲们举行了礼拜仪式。隔年，这个仪式又在费城举行，受到人们的热烈支持。随后，美国各州和其他美洲国家也开始庆祝母亲节。1913年，美国众议院通过决议，号召美国总统和官员在母亲节佩戴康乃馨。1914年，美国国会正式命名五月的第二个星期日为母亲节。现在，世界各地都有了过母亲节的习俗。

其实在中国传统中，也有一种专门献给母亲的花，那就是萱草，也叫忘忧草。在母亲节这一天为母亲送一束忘忧草，妈妈一定会忘了所有的忧愁，沉浸在欢乐之中。

第 9 讲　唐诗补遗

知识背景

　　唐代是中国古典诗歌发展的巅峰时期，中小学阶段常见的唐诗名篇主要分为送别诗、军旅边塞诗、山水田园诗、咏史怀古诗、思乡怀人诗等类别，每一类别的作品都有相对固定的形式特点、表达方式和鉴赏方法。本课对常见类型的唐诗进行汇总整理，达到补遗巩固的目的。

　　每类诗歌都有入选为小中学语文教材的：送别诗如李白的《赠汪伦》被选入人教版二年级上册，军旅边塞诗如杨炯的《从军行》被选入人教版九年级下册，山水田园诗如常建的《题破山寺后院》被选入人教版七年级上册，咏史怀古诗如杜牧的《赤壁》被选入人教版八年级下册，思乡怀人诗如温庭筠的《商山早行》被选入人教版九年级上册。

重点难点

1. 了解送别诗、军旅边塞诗、山水田园诗、咏史怀古诗、思乡怀人诗及其特点。
2. 掌握各派别代表诗人及其作品。

著作推荐

1. 篇目推荐：李白《渡荆门送别》、高适《燕歌行》、张九龄《望月怀远》。
2. 书目推荐：《唐诗三百首详注》，陶今雁编著，百花洲文艺出版社，2009年版。

主题名片

全唐诗

　　唐诗作为唐代文学的代表，题材广泛，风格多样，涌现出了大批优秀的诗人和作品。不同类别的诗歌在表情达意、节奏韵律等方面各有特点，根据诗歌的内容，可以将其分为送别诗、军旅边塞诗、山水田园诗、咏史怀古诗、思乡怀人诗五个派别。

先秦　中国古代诗歌的起源，代表诗作集有《诗经》《楚辞》。

汉　乐府诗形成，主要是为了配音乐演唱的，被称为"曲""辞""歌""行"等，代表作品有《长歌行》《十五从军征》等。

魏晋　乐府诗从民间文学形式被改为文人诗歌，代表诗人有三曹、陶渊明、竹林七贤等。

唐　出现四句的绝句和八句的律诗，是中国古典诗歌的巅峰时期，代表诗人有李白、杜甫、白居易、王维、李商隐、杜牧等。

宋　宋词的兴盛时期，词也是中国古代诗歌的一种，代表人物有三苏、欧阳修、王安石、陆游等。

元　元曲的鼎盛时期，元曲包括元杂剧和散曲，其中杂剧是戏曲，散曲是诗歌，代表人物有关汉卿、马致远、郑光祖、白朴等。

课前漫画

温庭筠这个人真是性格奇特，居然把替人答卷当做助人为乐！当然了，这也从侧面表现出他的才思敏捷、才华横溢。

知识链接

类别	特点	代表诗人及作品
送别诗	题目通常有"赠、别、送"等字眼，常用的意象有长亭、杨柳、夕阳、酒、秋等。诗歌所含情感为留恋、安慰、嘱咐、祝愿、伤感、惆怅、期待等。	王勃《送杜少府之任蜀州》 高适《别董大》 李白《渡荆门送别》
军旅边塞诗	讴歌边关将士意欲建功立业的豪情和报效祖国的激情或表达塞外生活的艰辛和思念亲人的悲伤。	杨炯《从军行》 高适《燕歌行》
山水田园诗	以描写自然风光、农村景物以及安逸恬淡的隐居生活见长，诗境隽永优美，风格恬静淡雅，语言清丽洗练。	常建《题破山寺后院》 张籍《野老歌》 韦应物《观田家》
咏史怀古诗	以历史为主要内容，通过对历史人物的功过、历史事件的成败、朝代的兴衰发表评论，抒发感慨、或感怀身世，或借古讽今，或怀古论事。	王勃《滕王阁》 刘禹锡《西塞山怀古》 杜甫《咏怀古迹》
思乡怀人诗	长期漂泊在外的游子触景生情，或写羁旅之思，或写思念亲友，或写征人思乡，或写闺中怀人。	张若虚《春江花月夜》 张九龄《望月怀远》 温庭筠《商山早行》

🔔 每课金句

> 读书破万卷，下笔如有神。
>
> ——杜甫

🏆 作品赏析

（一）

　　《题破山寺后禅院》是唐代诗人常建的一首题壁诗，曾入选《唐诗三百首》。这首诗描写的是诗人清晨游寺后禅院的观感，表达了诗人游览名胜的喜悦之情和对高远境界的追求。

题破山寺后禅院①

【唐】常建

清晨入古寺②，初日照高林③。
曲径通幽处④，禅房花木深⑤。

---

①破山寺：即兴福寺，在今江苏常熟市西北虞山上。南朝齐邑人郴州刺史倪德光舍宅所建。

②清晨：早晨；入：进入；古寺：指破山寺。

③初日：早上的太阳；照：照耀；高林：高树之林。

④曲径：一作"竹径"，又作"一径"；通：一作"遇"。幽：幽静。

⑤禅房：僧人居住修行的地方。

山光悦鸟性^①，潭影空人心^②。
万籁此都寂^③，但余钟磬音^④。

【阅读理解】

1. 给加点字注音。

万籁（　　　）　钟磬（　　　）　禅房（　　　）

2. 全诗中通过描写禅院的幽静，实际上以声静来衬托自己心静的诗句
是：＿＿＿＿＿＿＿＿＿＿＿＿，＿＿＿＿＿＿＿＿＿＿＿。

3. "曲径通幽处，禅房花木深"中的"深"字历来为人所称道，请说说你对
这个词的理解。

＿＿＿＿＿＿＿＿＿＿＿＿＿＿＿＿＿＿＿＿＿＿＿＿＿＿＿＿＿＿

＿＿＿＿＿＿＿＿＿＿＿＿＿＿＿＿＿＿＿＿＿＿＿＿＿＿＿＿＿＿

＿＿＿＿＿＿＿＿＿＿＿＿＿＿＿＿＿＿＿＿＿＿＿＿＿＿＿＿＿＿

4. 本诗中包含一个我们现在常用的成语，你能把它从诗中找出来，并说一说
这个成语的含义吗？

＿＿＿＿＿＿＿＿＿＿＿＿＿＿＿＿＿＿＿＿＿＿＿＿＿＿＿＿＿＿

＿＿＿＿＿＿＿＿＿＿＿＿＿＿＿＿＿＿＿＿＿＿＿＿＿＿＿＿＿＿

＿＿＿＿＿＿＿＿＿＿＿＿＿＿＿＿＿＿＿＿＿＿＿＿＿＿＿＿＿＿

---

①悦：此处为使动用法，使……高兴。

②潭影：清澈潭水中的倒影；空：此处为使动用法，使……空。此句意思是，潭水
空明清澈，临潭照影，令人俗念全消。

③籁：从孔穴里发出的声音，泛指声音；万籁即各种声音；此：在此，即在后禅
院；都：一作"俱"。

④但余：只留下，一作"惟余"，又作"唯闻"；磬（qìng）：古代用玉或金属制
成的曲尺形的打击乐器；钟磬：佛寺中召集众僧的打击乐器。

【赏 析】

这首诗题咏的是佛寺禅院，抒发的是作者忘却世俗、寄情山水的隐逸胸怀。这是一首五言律诗，语言朴素。首联对仗工整，而颔联则不对仗，这是出于构思造诣的需要。诗以题咏禅院而抒发隐逸情趣，从晨游山寺起而以赞美超脱作结，朴实地写景抒情，而意在言外，意境委婉含蓄。

（二）

《商山早行》是唐代文学家温庭筠的诗作。此诗描写了旅途中寒冷凄清的早行景色，抒发了游子在外的孤寂之情和浓浓的思乡之意，字里行间流露出人在旅途的失意和无奈。

商山① 早行

【唐】温庭筠

晨起动征铎②，客行悲故乡。
鸡声茅店月，人迹板桥霜。
槲③叶落山路，枳花明驿墙④。

①商山：山名，又名尚阪、楚山，在今陕西商洛市东南山阳县与丹凤县辖区交汇处。作者曾于大中（唐宣宗年号，847～860）末年离开长安，经过这里。

②铎：大铃；征铎：车行时悬挂在马颈上的铃铛；动征铎：震动出行的铃铛。

③槲（hú）：陕西山阳县盛长的一种落叶乔木。叶子在冬天虽枯而不落，春天树枝发芽时才落，每逢端午用这种树叶包出的槲叶粽也成为了当地特色。

④枳：也叫"臭橘"，一种落叶灌木或小乔木，春天开白花，果实似橘而略小，酸不可吃，可用作中药；明：使……明艳；驿：古时候递送公文的人或来往官员暂住、换马的处所；驿墙：驿站的墙壁。这句意思是说：枳花鲜艳地开放在驿站墙边。

因思杜陵^①梦，凫雁^②满回塘^③。

【阅读理解】

1. 给加点字注音。

   动征铎（　　　）　枳花明驿墙（　　　）（　　　）　凫雁（　　　）

2. 诗中描写早行的诗句是：_____

3. "枳花明驿墙"一句中的"明"用得很妙，请说说妙在何处。

   _____

   _____

   _____

4. 《商山早行》这首诗表达了诗人怎样的思想感情？

   _____

   _____

   _____

【赏　析】

　　整首诗正文虽然没有出现一个"早"字，但是通过霜、茅店、鸡声、人迹、板桥、月这六个意象，把初春山村黎明特有的景色，细腻而又精致地描绘出来。全诗语言明净，结构缜密，情景交融，含蓄有致，字里行间都流露出游子深深思念故乡的情感，是唐诗中的名篇，也是文学史上写羁旅之情的名篇，历来为诗词选家所重视，尤其是诗的颔联"鸡声茅店月，人迹板桥霜"，更是脍炙人口，备受推崇。

---

①杜陵：地名，在长安城南（今陕西西安东南），古为杜伯国，秦置杜县，汉宣帝筑陵于东原上，因名杜陵，这里指长安。作者此时从长安赴襄阳投友，途经商山。这句意思是说：因而想起在长安时的梦境。

②凫：野鸭；雁：一种候鸟，春往北飞，秋往南飞。

③回塘：岸边弯曲的湖塘。

汉字大变脸

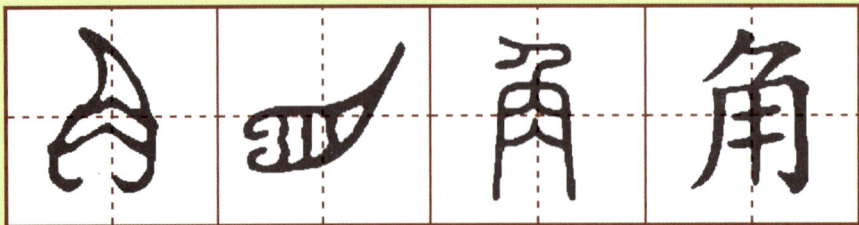

甲骨文	金文	小篆	楷体

甲骨文的"角"字，像牛或其他大型动物头上弯曲、尖硬、带纹路的自卫器官，古人将其用作量器和乐器。

拓展阅读

唐代的打油诗

唐代是一个全民皆诗的年代，不仅我们耳熟能详的大诗人创作了很多名篇，甚至连不识字的农夫小贩也能随口吟诵几句，因为他们文化水准不高，这种诗就不像大诗人的作品那样意境高远，气魄宏大，但往往通俗易懂，幽默诙谐，有时还暗含讽刺，这样的诗我们叫做"打油诗。"

那么为什么被称为"打油诗"呢？据传唐朝有个家境贫寒的读书人叫张打油，有一年的冬天，天空中下起了鹅毛大雪，天地间顿时白茫茫的一片。张打油闲来无事便在农田间散步，看到水井周围被雪花覆盖，深不见底的水井黑漆漆的，农家里喂养的小狗奔跑在小道上，从远处望去，黄狗因为身上有雪花就像白狗一样，而雪花落在白狗身上，使它看起来更加臃肿。张打油看着眼前的一幕，写下了《咏雪》——"天地一笼统，井上黑窟窿。黄狗身上白，白狗身上肿"。无意间被周围玩耍的孩童听到了，广为流传，从此开创了一个崭新的诗歌体裁——打油诗。

后来有位大官在祭奠宗祠时，看到大殿墙壁上写着："六出九天雪飘飘，恰似玉女下琼瑶。有朝一日天晴了，使扫帚的使扫帚，使锹的使锹。"大官读完后，顿时大怒，居然有人敢在宗祠墙壁上写诗，便下令衙门里的官吏一定要把这作诗的人找出来。官吏们寻找多日后无果，一次偶然的机会听到街边的孩童在传诵张打油的诗，觉得跟宗祠墙壁上的诗很像，于是就把张打油抓了起来，交给了大官审判。张打油穿着朴素，规规矩矩地跪在衙门大堂上，大官见此觉得他没有胆子在宗祠的墙壁上写诗，但还是想看看是不是他所作，便要求张打油作诗一首。当时恰逢唐朝内乱，安禄山的兵马被困在了南阳郡，张打油思及此便开口道："百万贼兵困南阳，也无援救也无粮。有朝一日城破了，哭爹的哭爹，哭娘的哭娘。"众人听完哈哈大笑，虽然确实与宗祠墙上的诗一样，但大官最终还是饶了他，没有治他的罪。

张打油从此远近闻名，打油诗也开始兴盛起来。由于它读起来朗朗上口，不但在民间口耳相传，就连达官贵人、诗词达人也很喜爱这类诗。

第 10 讲　唐传奇

知识背景

　　我国古代的文言小说发源于先秦时期的神话传说和史传文学；魏晋南北朝时期，随着志人、志怪小说的出现，文言小说开始兴盛；到了唐朝，文言小说发展出一种以史传笔法写奇闻异事的体式，这就是唐传奇，它是我国古代文言小说达到成熟的标志。

　　唐传奇作品也入选了语文课本，如《柳毅传》被选入人教版高二下册。

重点难点

1. 对中国小说的发展情况有简单的了解。
2. 掌握唐传奇的相关知识，包括概念、分类及代表作品。
3. 赏析唐传奇代表作《柳毅传》，掌握其写作手法。

著作推荐

1. 书目推荐：《唐传奇》，赵运涛主编，广西师范大学出版社，2014年。
2. 视频推荐：电影《刺客聂隐娘》，侯孝贤导演，2015年。

主题名片

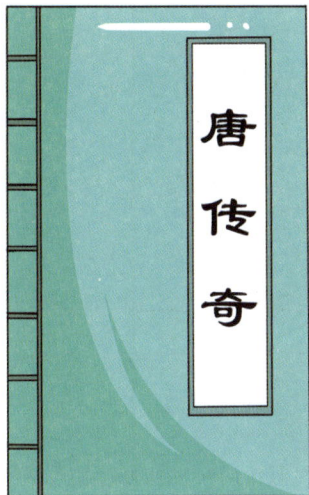

唐传奇

唐传奇是指唐代流行的文言小说，作者大多以记、传命名，以史家笔法，传奇闻异事。唐传奇起始于初、盛唐，兴盛于中唐，晚唐时期则渐渐衰微。

代表作：《柳毅传》《莺莺传》《李娃传》《霍小玉传》等。

先秦两汉 ○ —— 萌芽期，包括神话、寓言、史传、"野史"传说等。

魏晋南北朝 ○ —— 雏形期，志人和志怪小说。

唐 ○ —— 定型期，始有意为小说，唐传奇。

宋元 ○ —— 发展期，话本，以白话小说为主流。

明清 ○ —— 高潮期，文言短篇小说和白话小说全面发展。

课前漫画

上面的漫画取自唐传奇的一个故事，叫《谢小娥传》，图中的读书人通过字谜猜出了强盗的名字。小朋友，你明白凶手为什么是申兰和申春吗？

唐传奇

唐传奇是唐代的文言短篇小说，内容多传述奇闻异事，后人称为唐代传奇，或称唐传奇。代表作品有《柳氏传》《霍小玉传》《虬髯客传》等。

唐代，不少传奇作者是人物写生的好手，他们不仅善于用精湛的细节描写来提示人物的心理活动，用对比衬托的手法来表现人物的性格特点，而且尤工于白描式的肖像摹写，往往三言两语即飞笔传神，塑造了典型的人物形象。唐传奇中出现了社会各个阶层的人物，从帝王后妃、文武大臣，到文人商贾、侠客僧道、乐工艺伎、姬妾丫环，以虚构想象为基本的创作手法，反映社会各个阶层的生活。另外，一些以历史和现实生活为题材的作品，如《长恨歌传》《霍小玉传》，作者并不拘于史实、传闻，而是根据创作需要，因文生事，幻设情节，多方描绘环境，巧妙编织对话，深深探寻人物内心的隐秘，使人物形象丰满传神。

流传下来的传奇的篇幅一般不长，短的只有几百字，长度也不过一万字，但在艺术构思上奇异新颖、富于变化，使有限的文字生出无限的波澜，以曲折委婉的情节引人入胜，如《柳毅传》中，龙女获救后，忽然插入钱塘君逼婚，刘毅严词坚拒一节，故事情节波澜迭起，出乎意料，又在情理之中。需要注意的是，在结构布局上，传奇往往采用史传的表现手法，明确交代故事发生的时间、地点，甚至标注年号，故意给读者造成心理上的真实感，在故事展开过程中，使用大量虚构想象以求奇，又致力于细节描写以求真，在虚实之间创造出情韵盎然、文采斐然的艺术品，从而在小说这一文体的独立发展历程上迈出了关键的一步。

每课金句

> 曾经沧海难为水，除却巫山不是云。
>
> ——元稹《离思》

作品赏析

　　《柳毅传》传奇，写的是水府龙宫、人神恋爱的故事。整个故事包括三个部分，即受托传书、拒绝逼婚、结合成仙。《柳毅传》通过曲折多变的情节，成功地刻画了柳毅、龙女、钱塘君、洞庭君等人物形象。

柳毅传（节选）

　　"（龙女）我是洞庭龙王的小女儿，从小父母把我视作掌上明珠，百般疼爱。等我长大，他们一心想给我找个好人家，便把我嫁给了泾川龙王的二儿子。本以为今后我就能过上好日子，可没想到的是，我的人生悲剧就此开始了。我的丈夫是一个贪图玩乐的人，再加上周围奴仆们的诱惑，他便从早到晚都沉浸在玩乐之中。我苦苦相劝，他不但不听，还对我又打又骂。没有办法，我满怀希望地告诉公婆，想他们能出面劝说我的丈夫，可是公婆溺爱自己的儿子，不但不管教，还要我忍受着。我原本想默默忍受着，可没想到他变本加厉，每天对我不是恶言恶语就是拳打脚踢。走投无路之时，我又和公婆哭诉了几次，没想到他们把我赶了出来。"说到这，龙女低头掩面痛哭，接着又说："我多想回到洞庭，回到父母的身边呀！可是洞庭远在千里之外，我只能每天望着洞庭的方向。前几天偶然间听到您要回南方去，您的家又离洞庭很近，便喜出望外，特意在这里等您，想麻烦您帮我带封信交给家人。"柳毅听到了龙女的遭遇，早已心生同情，可一想到要把信交给她的家人，又面露难色地说："我是一个讲义气的人，听到了你的遭遇，我多想一下子飞到洞庭。可我是一个凡人，在人间来来回回还可以，但去洞庭？唉……"说到这儿，柳毅连声叹息。龙女连忙解释道："听您这么说，即使我死了，我也会感激您的。您不要叹气，刚才您没有答应我，我不敢多说，现在既然您答应了，那我就放心了。"柳毅惊讶地望着龙女："可是，可是我怎样帮你呢？"龙女笑着说道："其实去洞庭的龙宫和在人间走动是没有区别的。您走到洞庭的南岸，那里有一棵大橘树，当地的人们叫它'社橘'。您到了树下，先解下自己的腰带，在腰带上系一个其他东西，再拿腰带在树干上连敲三下，便会有人来接您。您就跟着他走，不会有什么阻碍。希望您除了报信之外，并且把我的心里的话都说给我家里的人，千万不要改变！"柳毅连忙说道："放心吧，我一定照办。"龙女便从衣襟里拿出信来，向柳毅拜了又拜，把信交给了他。这时龙女望着洞庭的方向，泪水又涌流了出来。

（《柳毅传》白话版）

【阅读理解】

1. 给下列加点字注音。

　沉浸（　　）　　溺爱（　　）　　衣襟（　　）

2. 文中"本以为今后我就能过上好日子，可没想到的是，我的人生悲剧就此开始了"一句中的"人生悲剧"指的是什么？请结合上下文归纳并写在下面横线上。

　_____

　_____

3. 从"刚才您没有答应我，我不敢多说"一句话中可以看出龙女是一个怎样的人？

　_____

　_____

4. 仔细阅读柳毅与龙女的对话，你认为柳毅是个怎样的人？

_____

_____

5. 最后，那柳毅答应龙女的请求了吗？如果是你，会答应吗？

_____

_____

【赏 析】

　　文本描写了柳毅与龙女的初次见面及所发生的对话，通过这段对话，我们可以预见到小龙女和柳毅曲折、浪漫的爱情故事，也可以感受到龙女和柳毅的人物形象。由此可见，《柳毅传》通过形神兼具的人物形象塑造和波澜起伏的情节描写，将侠义、灵怪、爱情三者成功地结合在一起，展现出奇异浪漫的色彩和清新俊逸的文风，充分体现了唐传奇的艺术成就。

汉字大变脸

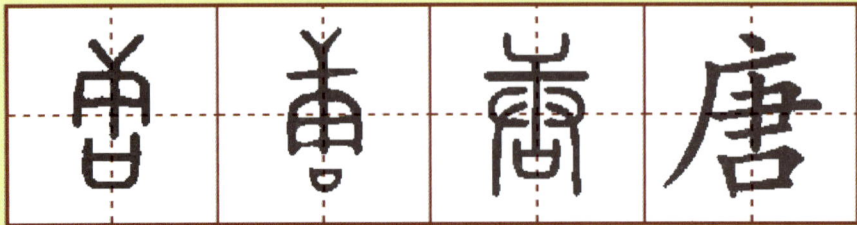

| 甲骨文 | 金文 | 小篆 | 楷体 |

　　"唐"，形声字。本义：大话，如荒唐。后引申出广大、空、徒然等意，也是朝代名和姓氏。

为什么唐传奇里崇尚武功

唐传奇里的每个英雄似乎都怀有精妙绝伦的武功，忠义且豪气，不拘小节。这样的描写并非无缘无故，而是与当时的社会背景大有关联。

唐传奇里跟侠义有关的人物形象多是刺客，对于刺客来说，最重要的武艺之一就是轻功。《聂隐娘》中对空空儿的轻功是这样描写的："空空儿之神术，人莫能窥其用，鬼莫能蹑其踪，能从空虚而入冥，善无形而灭影。"就连战败之后的姿态，也带着一股仙气："此人如俊鹘，一搏不中，即翩然远质逝，耻其不中，才未逾一更，已千里矣。"一更相当于现在的两个小时，一里相当于现在的450米左右，那么空空儿的轻功时速就是每小时225千米左右。济南距离北京也不过400多千米，照空空儿的速度，不用两个小时即到，跟当下的动车、高铁速度相差无几。这些侠客不仅速度惊人，负重效果也不错。《聂隐娘》的作者裴铏在他的另一部作品《昆仑奴》中塑造了轻功同样十分高强的侠客，这位侠客背着男主人公与姑娘相会，还为姑娘背着包袱箱子来回跑了三趟，更令人瞠目的是，这位侠客最后背着男主人公与女主人公飞出十几道墙，但是门卫竟然毫无察觉。

唐传奇中崇尚武功的这一现象与当时社会上上下下习武的风气不无关联。唐太宗就特别注重事军事训练，每天在殿前带领数百人亲自教习射箭，而且是鼓励式教学，看谁射中了立刻奖赏弓刀、布帛等。他曾对将士们说，不仅要会骑射，还要会斗战，增强实战技能，以后人前无敌。武则天时期，前无古人地设立了"武举"考试，考察枪术、射术、力量，有长垛、马射、负重等项目。

唐朝人喜欢的兵器有箭和剑。而剑是武侠小说中的重要道具，也确实是唐朝侠客的重要标志，单说李白，他"十五好剑术，遍干诸侯"，"喜纵横术，击剑为任侠"，手持一剑，潇潇洒洒，不比身后背张弓再加个箭袋子来

得更帅气吗？所以说，剑也是男生耍帅的好道具。

由此可见，唐传奇小说里多有描绘武功的场景，这与当时的社会背景密切相关。

贰·世界文学故事概览

第 11 讲 外国民间故事

知识背景

　　民间故事是民间文学的重要形式之一，是远古时代人们口头流传的一种题材广泛而又充满幻想的故事。这些故事来源于生活，又包含着超自然的、异想天开的成分，表现了人们美好的愿望。通过阅读民间故事，我们可以了解一个国家、民族的风俗习惯、地域风情等，还可以增加我们对外国文化的兴趣，拓展视野，增长见识。

　　全世界最著名的民间故事集是阿拉伯地区的《一千零一夜》，这本书已经被列入国家教育部推荐小学生必读书目，其中的经典故事《阿拉丁神灯》《阿里巴巴与四十大盗》等被多次改编为电影和动画片。

重点难点

1. 了解民间故事的起源及分类。
2. 了解《一千零一夜》的成书背景及成型过程。
3. 通过《蠢汉、驴子与骗子的故事》，感受外国民间故事的写作风格及特色。

著作推荐

1. 电影推荐：《辛巴达七海传奇》《阿拉丁神灯》。
2. 书目推荐：《一千零一夜》，中国画报出版社。

主题名片

民间故事是远古时代人们口头流传的一种题材广泛而又充满幻想的文学体裁。世界各民族都有自己的民间故事，例如中国的四大传说、英国侠盗罗宾汉的故事、阿拉伯的《一千零一夜》等。《一千零一夜》也被称为《阿拉伯之夜》或《天方夜谭》，它是古代阿拉伯的民间故事集，有大小故事两百多个，也是世界上影响最大、读者最多的作品之一。

8世纪 出现最早的阿拉伯民间故事手抄本。

12世纪 埃及人将故事集命名为《一千零一夜》。

15世纪 书的内容基本定型。

18世纪 《一千零一夜》首次在欧洲出版。

20世纪 《一千零一夜》传入中国。

课前漫画

怎么样，这个老渔夫是不是很聪明啊？这个故事正是出自《一千零一夜》。可是，《一千零一夜》里那么多有趣的故事都是从哪儿来的呢？

知识链接

《一千零一夜》从何而来？

相传在很久以前，古阿拉伯有一个海岛，海岛上有一个萨桑王国，国王名叫山努亚。传闻山努亚国王十分讨厌妇女，他不仅杀掉了王后和宫女们，而且每天都会从民间娶一个女子，第二天再把她杀死。就这样，一连三年，山努亚国王杀掉的女子已经有一千多个了。大臣们非常担心可又没有办法劝说，民间的女子们人人自危，不知道厄运哪天就会降临到自己身上。

宰相的大女儿山鲁佐德听说这件事后，非常痛心，她决定用自己的聪明才智来拯救这个国家的女子。于是，她恳求自己的父亲把她嫁给国王，宰相无奈之下只好答应了。山鲁佐德进宫之后，每天晚上都会给国王讲一个十分有趣的故事，国王也很喜欢听。可是，每当故事讲到关键时刻，她就不讲了，国王想要听完整个故事，只有等到第二天晚上。就这样，山努亚国王为了听到故事的结尾，就把杀山鲁佐德的日期一天天地往后延。而山鲁佐德的故事好像永远讲不完一样，还一个比一个吸引人。就这样，一直讲到第一千零一个夜晚，国王终于被感动了。他对山鲁佐德说："以安拉的名义起誓，我决定不杀你了，你的故事真是太好听了。我要把这些故事都记录下来，留给后人看。"

这就是《一千零一夜》的来历，这些故事流传出去后，世界各地的人们都十分喜爱。西方人将这本书称为《阿拉伯之夜》，而在遥远的东方，"天方"是中国古代人对阿拉伯地区的称呼，所以它的中文名字就叫《天方夜谭》。仅凭这个书名，就足以把人带到神秘的世界中开始一段激动人心的冒险经历了。怎么样，你准备好了吗？现在就让我们一起开启这次的冒险之旅吧！

🔔 **每课金句**

> 我希望上帝使我忘记《一千零一夜》的故事情节，以便再读一遍，重温书中乐趣。
>
> ——司汤达

🏆 **作品赏析**

下面的文章选自《一千零一夜》，文章短小精练，语言风趣幽默，内容简单，但又发人深省。你准备好了吗？现在就让我们一起开启民间故事之旅，一起去看看蠢汉、驴子和骗子之间发生了哪些事吧！

蠢汉、驴子与骗子的故事

从前，一个蠢汉由于生性过于老实，常常被人欺骗。一次，蠢汉牵着他的毛驴出去，路上碰上两个老练的骗子。骗子见他呆头呆脑，便起了坏心。

"我要把那头驴从他主人的手上骗过来。"其中一个骗子对他的伙伴说。"怎么骗呀？"另一个问。这个骗子显得信心十足，说："你看着吧！"

于是，这骗子走到毛驴身边，偷偷把笼头取下来，套在自己的头上，却把毛驴留下，让另一个骗子牵着。这样，这个骗子戴着笼头，像一头毛驴似的跟在蠢汉身后走。

走了一段路后，他估计另一个骗子已经把毛驴牵走了，便停住脚步，不肯再往前走了。蠢汉突然觉得牵不动缰绳，毛驴像是不肯往前走了的样子，回头一看，见笼头居然套在一个人的头上，不由大吃一惊，惊讶地问出了声："喂喂！你是什么东西呀？"骗子暗中好笑，道："我是你的毛驴啊！哦，你不知道，我可是有着稀奇的遭遇呢！我有一位正直、虔诚的母亲，已经上了年岁。有一次她见我喝醉了，就虔诚地告诫我：'孩子呀，这可是罪过呀，你必须向万能的安拉忏悔。'可是我不但不听，反而动手打了她。这样，她一气之下，求万能的安拉惩罚我。我受了惩罚，结果变成了一头毛驴，从此开始受苦受难。到今天，我的母亲觉得我受的惩罚够了，慈悲心起，又替我请求安拉，赦免了我的罪过。因此，我便又从毛驴恢复了我原来的样子，成了堂堂正正的人类。"

蠢汉一听，既感到惊讶，又深深地愧疚，叹道："啊！全靠万能之神安拉拯救你！我的兄弟呀，我一直骑你，让你干重活，这可是太不应该了！不过，以安拉的名义起誓，我全不知道你的情况。到现在，只能祈求你原谅我曾经骑你、役使你了。"

蠢汉对这个骗子忏悔了一番后，昏头昏脑、满心沮丧地抛下骗子，垂头回家去了。蠢汉的妻子看他这副模样，感到奇怪，问："你为什么愁苦？发生了什么不好的事吗？噢！咱们的毛驴呢？"蠢汉便把从骗子口中听到的话，从头至尾，告诉了妻子。蠢汉的妻子听了，也感到郁郁不欢，心想确实是自己做了不人道的事。于是，她诚心诚意忏悔了一番，希望弥补自己的过错。

过了一段时间，妻子见蠢汉始终待在家里，什么也不干，不由心急，便对丈夫说："你也不能老是这样不务正业呀！要不，你上街去，另外买一头毛驴回家做事吧！"蠢汉听了老婆的话，来到市场。他一眼便看中了一头准备卖的毛驴，但仔细打量后，才发现正是自己从前的那一头。他大吃一惊之后，便凑近毛驴，把嘴贴近毛驴的耳朵，悄悄说道："你这倒霉的家伙！这一次可别想再让我上当了。谁让你又喝醉酒，打你的母亲呢？我可不会买了你，再让你变成人了。"

【阅读理解】

1. 给下列加点字注音。

　　愚蠢（　　　）　缰绳（　　　）　模样（　　　）　赦免（　　　）

2. 解释下列词语。

（1）虔诚：_____。

（2）郁郁不欢：_____。

3. 蠢汉听了骗子的话后，"既感到惊讶，又深深地愧疚"，"惊讶"与"愧疚"的原因分别是什么呢？请简要说一说。

_____

_____

_____

4. 请简要概括一下两个骗子是怎样从蠢汉的手中把驴骗过来的。

_____

_____

_____

5. 如果把故事的最后三段给拿掉，让你改写一个结局，你会有什么样的创意呢？和同学讨论一下吧！

_____

_____

_____

6. 思考一下，这篇小故事告诉我们什么道理呢！

_____

_____

_____

【赏　析】

　　该文讲述的是发生在蠢汉、驴子和骗子之间的故事。一个愚蠢的人轻易听信骗子的花言巧语，被骗子偷走了驴子，却浑然不知。

　　读完这个让人啼笑皆非的故事，在幽默搞笑之余，也不禁令人深思。在生活中，我们也不能完全听信他人的话，要学会自己独立思考，明辨是非，判断对错，决不能听之任之，要有主见，这样才能不做一个"愚蠢"的人。

拓展阅读

奇怪的阿拉伯习俗

阿拉伯指的是非洲北部、地中海南岸以及阿拉伯半岛一带的国家和地区，那里的人们大都属于阿拉伯民族，说阿拉伯语，信仰伊斯兰教。由于地理环境和宗教信仰的影响，阿拉伯人形成了许多在我们看来稀奇古怪的生活习惯和文化习俗。

阿拉伯地区气候炎热，很少下雨，所以人们喜欢把床搬到屋顶上去睡觉，这样就会凉快多了，也不用担心会下雨。

阿拉伯人的服装也很奇怪。男人们总是喜欢穿白色的宽松长袍，头缠白色头巾。而女人则要用黑色袍子把自己的全身上下都严严实实地包裹起来，再用黑色面纱遮住脸，只露出一双眼睛，让人觉得十分神秘。甚至在奥运会上，其他运动员都穿着合身轻便的运动衣，而阿拉伯女性仍穿着长袍去参加比赛。

当你走在阿拉伯国家的街道上，你一定会问："街上怎么都是男人啊，女人都去哪了？"好不容易看见几位女士，她们也都是低着头，不说话，迅速地从你身边走过。其实这都是阿拉伯的传统习俗，女人不能随便外出的，即使出去也不能穿着暴露，更不能和陌生人说话。阿拉伯的性别区分是很严格的，那里有专门为女人开设的银行、学校等，甚至连公交车、公园也是男女分区的。

除此之外，阿拉伯人多信仰伊斯兰教，伊斯兰教的教义也深深地影响着阿拉伯人的生活习俗。阿拉伯人从来不吃猪肉，只吃带有"清真"标识的食物，他们认为右手是干净的，而左手则是不洁的，所以他们吃饭、接送礼物均是用右手，决不能用左手，那是被视为不礼貌的行为。

怎么样，说了这么多，你对阿拉伯的了解是不是更多一些了呢？有机会的话，你也可以亲自去阿拉伯看一看，说不定还会发现更多奇怪的习俗呢！

第 12 讲　中国民间故事

知识背景

　　中国民间故事是由数代人收集、整理而成的，是劳动人民集体智慧的结晶，是中华文化的重要组成部分。中国民间故事诞生于各民族的现实生活中，并经过几千年口耳相传，逐渐成形。通过这些带有神话色彩的美丽故事，我们可以看到不同时代人们鲜活的生活画面，了解古人的生活、习俗、心理和信仰等。

　　中国四大民间传说可谓家喻户晓，其中的《牛郎织女》被选入苏教版六年级上册课本，这个故事也作为文学典故被写入众多古诗词作品中；《梁山伯与祝英台》的故事则被改编为小提琴协奏曲、黄梅戏、电视剧等诸多艺术形式。

重点难点

1. 了解中国民间故事的来源及特点。

2. 熟悉中国古代四大民间传说的故事情节及主要人物。

3. 赏析傣族民间故事《孔雀公主与傣族王子》，体会傣族文化中人们对孔雀的崇拜。

著作推荐

1. 书目推荐：《中国民间故事》，李建树、孙侃著，浙江少年儿童出版社。

2. 视频推荐：《经典儿童动画片——梁山伯与祝英台》。

主题名片

中国民间故事

民间故事是指民间叙事作品，一般来说，可分为五类：幻想故事、动物故事、生活故事、民间寓言和民间笑话。

代表作：《牛郎织女》《孟姜女》《梁山伯与祝英台》《白蛇传》《田螺姑娘》《八仙过海》。

前6世纪	春秋	《牛郎织女》和《孟姜女哭长城》的故事原型出现。
6世纪	南北朝	《牛郎织女》故事定型，有了牛郎织女的爱情故事及隔河相望之苦。
9世纪	唐代	传奇集《博异志》中记录了李黄和白蛇的故事，这是《白蛇传》的故事原型。
11世纪	宋	《梁山伯与祝英台》基本定型，出现英台哭墓、地裂殉葬等情节。
17世纪	明代	《白蛇传》被写成小说《白娘子永镇雷峰塔》。

📄 课前漫画

　　上面的漫画是中国古代四大民间故事之一的《白蛇传》，当中的一个片段。主人公许仙的妻子竟然是一个蛇精！那么后面的故事将会如何发展呢？

中国古代四大传说简介

《牛郎织女》：天河的东边住着王母娘娘的孙女织女星，她与天河西边的牵牛星情投意合，却遭到王母娘娘的强烈反对。王母将牵牛星贬下凡尘，又惩罚织女日夜织锦。后来，织女偷偷与贬下凡尘的牛郎相见，并结为夫妻，还育有一儿一女。王母得知后，派遣天兵天将把织女押回天界，只允许他们在每年农历七月初七相会一次。

《孟姜女》：相传秦朝时，有一个美丽善良的女子，名叫孟姜女。她与丈夫范喜良成亲刚刚三天，范喜良就被一群凶恶的官兵抓去修长城了。孟姜女悲愤交加，开始了千里寻夫之路。她跋山涉水，历经风霜雨雪、寒冬酷暑，终于来到了长城脚下。但不幸的是，范喜良刚刚被繁重的劳动折磨而死，尸首也被填进了长城。孟姜女听到这个噩耗，痛哭了三天三夜，感动了天地，一阵狂风过后，只听"哗啦"一声，一段长城倒了，范喜良的尸首也露出来了。

《梁山伯与祝英台》：东晋时期，浙江上虞县祝员外的女儿祝英台美丽聪颖，自幼爱好诗文。只是，那时候的女子是不能去学校读书的。无奈之下，祝英台只好女扮男装，外出求学。其间，她与书生梁山伯一见如故，同窗共读，形影不离。三年之后，祝英台回乡，她暗示梁山伯去祝家提亲。数月后，梁山伯拜访祝家庄，发现昔日的好友祝英台竟是一位姑娘。明白事情原委之后，梁山伯请人去祝家提亲，但遭到了祝员外的拒绝。后来，两人双双赴死，化为蝴蝶，自由自在地生活在一起。

《白蛇传》：大宋年间，修炼千年的蛇妖白素贞为了报答书生许仙前世对她的救命之恩，化为人形，并嫁给许仙。婚后，他们开药铺济世救人，做了很多好事。而金山寺的和尚法海得知白素贞是蛇妖后，便想方设法地拆散他们夫妻二人。法海把许仙骗到金山寺并软禁起来，白素贞和妹妹小青一

起为了救许仙与法海斗法，水漫金山寺，触犯了天条，被镇压在雷峰塔下。后来，白素贞的儿子长大后中了状元，到塔前祭母，将其救出，全家终于团聚。

每课金句

> 河汉清且浅，相去复几许？盈盈一水间，脉脉不得语。
>
> ——《古诗十九首·迢迢牵牛星》

作品赏析

孔雀公主与傣族王子的故事在云南少数民族地区流传了一千多年，主要讲述了孔雀公主南穆娜与傣族王子召树屯历经磨难，终成眷属的经历。

孔雀公主与傣族王子

在古老的澜沧江边，有一个人人都向往的孔雀国。那里的人们都有一件孔雀羽衣，穿在身上便可以飞。孔雀国王和孔雀王后是两位慈祥的老人，他们共同生育了七个女儿，她们被称为孔雀七公主。孔雀七公主每隔七天，便要告别父母，飞到金湖里洗一次澡。

一天，她们照例来到金湖里洗澡，玩得十分开心，差点儿忘了回家。当她们发现天已经快黑了，急忙回岸边穿羽衣时，最小的妹妹南穆娜的羽衣却不见了！她们找遍了周围的草地，却怎么也找不到。这是怎么回事呀，难道是天神盗走了？孔雀七公主哪里知道，盗走羽衣的不是天神，而是勐板加王子召树屯。召树屯王子七天前带领随从们到森林里打猎，为追逐一只金鹿来到这碧波荡漾的金湖边，看见孔雀七公主正在金湖里玩耍，小公主那美丽的身影、花一样的笑容，深深地迷住了他。可是，正当他想唱一首情歌表达爱意时，公主们却穿上羽衣飞走了。

王子一片茫然，站在湖边发呆，此时，王子的好朋友神龙看出了他的心思，急忙跑来对他说："七天以后，孔雀七公主还会再来的，你可以在湖边搭一个树棚，住在那里，耐心等待。等到孔雀七公主再飞来洗澡时，你便悄悄走过去，取走羽衣，这样她便无法飞走，你就有机会表达爱情了。"

后来，王子果然照做了。此刻，六位公主正着急地为小公主寻找羽衣，王子悄悄走到七公主南穆娜身边，很有礼貌地道了歉，并说明取走羽衣并无恶意，而是为了表达爱慕之情。南穆娜公主也对王子一见钟情，深深地爱上了他。后来由大姐姐做主，将小妹妹南穆娜留在召树屯身边。六个姐姐和小妹挥泪告别后，就飞回孔雀国去了。召树屯与孔雀公主的结婚大典刚结束，边境便爆发了战争，召树屯只得告别新婚的妻子，带领士兵到前线抗击敌人。

召树屯刚一离开心爱的妻子，灾难就落在孔雀公主的头上。有人在老国王面前污蔑孔雀公主是"妖女"，并要求处死她。而老国王也误信谗言，决定忍痛处死自己的儿媳。这突然降临的灾难，令孔雀公主南穆娜十分伤心，她并不怕死，但决不能被冤枉而死。当士兵将她押到刑场时，她翩翩起舞，飞离地面，飞回孔雀国去了。

打败了入侵的敌人，召树屯王子胜利归来，一走进宫殿，就听到妻子南穆娜被冤枉的消息，十分悲痛。他决心要去寻找妻子，哪怕孔雀国远在天边，沿途有无数艰难险阻，他也要去。召树屯王子挎上战刀，毅然离开了宫殿，踏上了漫长而又艰辛的寻找爱妻的路途。他走了999天，在神猴和神龙的帮助下，从巨蟒身上越过了能熔化刀剑的黑河，翻过了像风车一样不断旋转着的大风山，终于到达了孔雀公主的家乡——孔雀国，见到了自己的妻子。王子与公主回到勐板加，他们治国有方，百姓丰衣足食，人们都说这是善良美丽的孔雀公主带来的好运。从此，傣族人民更加崇拜孔雀，热爱孔雀，把孔雀视为吉祥幸福的象征。

〖阅读理解〗

1. 给下列加点字注音。

傣族（　　）　　澜沧江（　　　）　　翩翩起舞（　　　）

谗言（　　）　　污蔑（　　　）

2. 联系上下文思考文中"召树屯刚一离开心爱的妻子，灾难就落在孔雀公主的头上"一句中的"灾难"指的是什么？

_____

_____

_____

3. 孔雀公主在被押赴刑场时为什么要飞走呢？

_____

_____

_____

4. 请用自己的话简要复述孔雀公主与傣族王子的故事。

_____

_____

_____

5. 除了中国民间四大传说和孔雀公主与傣族王子的故事之外，你还知道哪些民间故事呢？和同学们一起分享一下吧。

_____

_____

_____

〖赏　析〗

　　"孔雀公主"是中国云南西双版纳地区流传的傣族民间传说，源于傣族叙事诗《召树屯》，讲述"孔雀公主"南穆娜与傣族王子召树屯充满神话色彩的爱情故事。

这个故事反映了傣族人民丰富的想象力，刻画了以为善良美丽的孔雀公主和以为机智勇敢爱妻深切的傣族王子，热情讴歌了南穆娜与召树屯纯真的爱情，鞭挞了黑暗势力，象征和平与幸福的孔雀公主故事在傣族人民中间广为流传，感染着一代又一代人们的心灵。

拓展阅读

七夕乞巧的民俗

相传，每年农历七月初七的夜晚（也就是"七夕"），是牛郎与织女在鹊桥相会的时刻。织女聪慧过人，心灵手巧，凡间的妇女们便在这天晚上向她乞求智慧和巧艺，或者美好姻缘，所以七夕也被称为乞巧节。判定乞巧者是否得巧的方法被称为"卜巧"，而"卜巧"一般有三种方式，即"投针验巧""喜蛛应巧"和"穿针乞巧"。

"投针验巧"主要流行于明清两代。在乞巧节的前一天，妇女们取井水、雨水各半盆，盛于碗中，放在露天下过夜，再放在太阳下晒半天。到正午时，将绣花针放在水面，然后观察针在水中的影子。如果针影是笔直的一条，就表示是乞巧失败，也就是"输巧"；如果针影形成各种形状，或弯曲，或粗细，或其他形状，就表示是"得巧"。所谓"喜蛛应巧"，就是在七夕时，将捉来的"喜蛛"（一种红色的小蜘蛛）放在首饰盒里。第二天清晨，打开盒子观察蜘蛛结网的情况，如果网结得方圆得体、疏密有致，就预示着这位乞巧者心灵手巧。"穿针乞巧"是最早的乞巧方式，始于汉代。乞巧的人们在月光下比赛穿七孔针，谁穿得快，谁就是巧手女。乞巧结束后，"输巧"者要将事先准备好的小礼物送给"得巧"者。

实际上，传说中的织女当然不能给人间的妇女带来巧慧，但这些因"乞巧"而开展的民间活动都十分有趣。如今，虽然"七夕节"和"牛郎织女的传说"都被列为国家级非物质文化遗产，但民间乞巧的风俗早已淡化，人们对七夕的认识也大多停留在"中国情人节"而已。

第 13 讲　安徒生和他的童话

知识背景

　　《安徒生童话》是世界儿童文学的瑰宝，其语言风格充满诗意的美和喜剧性的幽默，是世界上最有名的童话作品集之一。为纪念安徒生在童话领域的杰出贡献，国际少年儿童读物联盟专门设立"国际安徒生奖"，以此奖励优秀的儿童图书作家和插图画家。

　　安徒生的童话作品也被选入了语文教材：《皇帝的新装》入选人教版七年级上册和苏教版七年级上册；《丑小鸭》入选人教版七年级下册。

重点难点

1. 了解安徒生童话在世界文学史上的地位。
2. 理解安徒生的人生追求及其童话特点。
3. 赏析《她是一个废物》选段。

著作推荐

1. 书目推荐：《安徒生童话》（新课标）叶君健译，安徽教育出版社。
2. 影视推荐：《冰雪奇缘》，克里斯·巴克和珍妮弗·李导演。

人物名片

安徒生（1805年—1875年）

19世纪丹麦著名童话作家，被誉为"世界儿童文学的太阳""现代童话之父"。他的童话有的意境唯美，有的令人感伤，有的幽默讽刺，是世界童话的最高峰。

代表作：《丑小鸭》《皇帝的新装》《夜莺》《她是一个废物》等。

1816年	11岁	父亲逝世，辍学在家。
1819年	14岁	被丹麦皇家剧院雇佣，但备受冷落。
1829年	24岁	长篇幻想游记《阿马格岛漫游记》出版，从此摆脱饥饿。
1835年	30岁	开始写童话，并且出版第一本童话集。
1867年	62岁	被故乡奥登塞选为荣誉市民。

同学们，你们考试的时候是不是也出现过这样的情况呢？看来就算是世界著名的作家，也会和同学们一样为考试而苦恼呀！

知识链接

安徒生的悲剧人生

1805年，安徒生出生在丹麦欧登塞市的贫民区。他的父亲是个鞋匠，安徒生11岁时，父亲就病故了，他便和母亲生活在一起。后来，安徒生离开家乡，四处漂泊，做过多种行业的学徒。14岁时，他来到哥本哈根谋生，在丹麦皇家剧院当临时演员。起初，他清亮的嗓音引起了剧院经理的注意，安徒生于是获得了登台演出的机会。可是好景不长，正值青春期的安徒生开始变声，他的嗓音变得沙哑不堪，再也不能演出了。然而安徒生依旧对表演很感兴趣，他开始写作诗歌和剧本。剧院经理赞赏安徒生的才华，便资助他去读教会学校。

谁曾想，剧院经理的好心，却让安徒生迎来了人生中最黑暗的三年。据安徒生回忆，他中学的老师名叫梅斯林，是个粗鲁暴躁的家伙。老师经常打骂安徒生，讽刺他是"无才的蹩脚诗人""无知的蠢驴"。学校的管理极其严苛，毫无自由可言，课程也乏味枯燥，让人提不起兴致。在那里，安徒生根本无法静心学习。在参加毕业考试时，安徒生由于过度紧张，在考场上流鼻血了。好不容易止住了血，答完了卷子，却在临近结束时发现最后一道题写错了，于是发生了上面漫画中的故事。

安徒生30岁时出版了第一本童话集，此后，他开始一边游历一边写作。他的足迹遍布欧洲，却从来没有过一间属于自己的房子；他的童话给无数孩子带去了快乐，而他自己却一生未婚，没有子女。安徒生曾说："人生就是一个童话，它充满了流浪的艰辛和执著追求的曲折。我的一生居无定所，我的心灵漂泊无依，童话是我流浪一生的阿拉丁神灯。"

1875年8月4日，安徒生在朋友的别墅中孤独病逝。

安徒生悲惨的经历使得他的作品充满了悲剧色彩。例如《海的女儿》中，小美人鱼为了王子的幸福，最终选择牺牲自己，全身化成了泡沫；卖火柴的小女孩在圣诞节的前夜，在美好的幻觉中被活活冻死；《小锡兵》中的小锡兵被火熔化成了一块小小的锡心，而他心爱的小舞女则被烧成了一块黑炭。

🔔 每课金句

> 如果你是一只天鹅蛋的种子，那么即使出生在养鸭场也无所谓。
>
> ——安徒生《丑小鸭》

🏆 作品赏析

安徒生幼年丧父，是母亲含辛茹苦将他养大。《她是一个废物》中的"母亲"的悲惨遭遇，一定程度上就是安徒生母亲的生活写照。

她是一个废物（节选）

［丹麦］安徒生

市长站在开着的窗子前面。他只穿了衬衫；衬衫的前襟上别着一根美丽的领带的夹针。他的胡子刮得特别光——是他亲自刮的。的确，他划开了一道小口，但是他已经用一小片报纸把它粘住了。

"听着，小家伙！"他大声说。

这小家伙不是别人，就是那个贫苦的洗衣妇的儿子。他正从房子前面走过；他恭恭敬敬地把他的帽子摘下来。帽子中央已经破了，因为这帽子是经常被卷起来塞在衣袋里的。孩子穿着一件简陋但是干净的、补得很整齐的衣服，脚上拖着一双厚木鞋。他站在那儿，卑微得像是站在皇帝面前一样。

"你是一个好孩子，"市长先生说。，"你是一个有礼貌的孩子。我想你的妈妈正在河边洗衣服吧？你藏在衣袋里的东西一定是送给她的吧？这对于你的母亲说来是很不好的。你弄到了多少？"

"四两。"孩子用一种害怕的声音吞吞吐吐地说。

"她真是一个废物！你们这个阶级的人说来也真糟糕！告诉你妈妈，她应该觉得羞耻。你自己也要当心，不要变成一个酒徒——不过你会的！可怜的孩子，你去吧！"

他的母亲站在水里的一个洗衣凳旁边，用木杆打着一大堆沉重的粗被单。水在旁边滚滚地流过，因为磨房的闸门已经开了。这些被单被水冲着，几乎要把洗衣凳拉翻。洗衣妇不得不使尽力气按住凳子。

"我几乎也被水卷走了，"她说，"你来得正好，因为我需要更多的力气。站在水里真冷，但是我已经站了六个钟头了。你给我带来什么东西没有？"

孩子取出一瓶酒来。妈妈把酒瓶凑到嘴上，喝了一点。

"啊，这真是救了我！"她说，"这真叫我感到温暖！它简直像一顿热饭，而且价钱并不贵！你也喝点吧，我的孩子！你看起来简直没有一点血色。你穿着这点单衣要冻死了。你要知道现在已经是秋天了。噢，水是多冷啊！我希望我不要闹起病来。不，我不会生病的！再给我喝一口吧，你也可以喝一点，不过只能喝一点，因为你不能喝酒喝成习惯，我可怜的、亲爱的孩子！"

"我不怕吃苦，我要拼命工作。"她说，"孩子，只要我能凭我的诚实的劳动把你养大，我吃什么苦也愿意。"

选自《安徒生童话》

【阅读理解】

1. 给下列加点字注音。

前襟（　　）　　卑微（　　）（　　）　　闸门（　　）

2. 从第三自然段"孩子穿着一件简陋但是干净的、补得很整齐的衣服，脚上拖着一双厚木鞋"一句中的"干净、补得很整齐"可以看出妈妈是一个怎样的人？

_____

_____

_____

3. 读完选文，你感觉文中的妈妈洗衣服辛苦吗？请用横线画出相关语句。

_____

_____

4. 妈妈为什么既想让孩子喝点酒，又不想让孩子多喝？这表现出妈妈怎样的心理？

_____

_____

_____

5. 市长为什么说孩子的妈妈是一个废物？你觉得文中妈妈是一个废物吗？

_____

_____

_____

【赏　析】

　　文中的"她"是一位被人称为"废物"的洗衣妇，从选文中可以看出，她其实并不是一个废物，她要凭诚实的劳动把她的孩子养大，自己吃什么苦也愿意。由此我们可以看出，这位被人们认为是"废物"的洗衣妇，其实是一个极为简朴、勤劳、善良的人，是一位伟大的母亲。

童话王国——丹麦

安徒生是世界闻名的童话大师，不仅其本人享誉世界，而且还为丹麦赢得了"童话王国"的称号，赋予丹麦童话般的色彩。

现代丹麦的确可以被称为童话乐园，联合国首次发布的"全球幸福指数"报告显示，在全球156个国家和地区中，丹麦是全球最幸福的国度。

动物权

丹麦人非常反感搞特殊化，崇尚平等和平均。他们特别关注人权，由此延伸到"动物权"。

在丹麦，没有人养鸟，人们认为鸟儿应该属于蓝蓝的天空，而不是笼子。所以，在丹麦鸟儿可以活得自由自在，遵循生态规律繁衍生长。无论走到哪里，人们都可以感受到鸟儿带来的种种乐趣，喂鸟在丹麦成了一种风尚。如果你拿着一片面包走在路上，说不定会有小鸟一路跟着你飞。在丹麦，养狗是要纳税的，但有趣的是税的多少取决于狗的高矮，高个子的狗要交的税自然要多一些。所以，在丹麦大多数人家里养的狗都是长长的、矮矮的。

婚庆习俗

世界上许多国家的人们习惯于给他们的未婚妻送戒指或花作为订婚礼物。但在丹麦的一些地方，人们认为送给未婚妻木制的、刻满情诗的棒槌才是最吉利的，因为他们相信棒槌能带来好运和美满。更奇怪的是，丹麦人筹办一场婚礼会用上好几天，但却是秘密进行的，因为他们担心公开筹办会触怒鬼怪或引起鬼怪的嫉妒。在婚庆快要结束的时候，人们把一大坛啤酒抬到

院子里，新郎新娘的手在酒坛上方相握，然后酒坛会被打碎。在场的适婚女子会去捡碎片，捡到最大的碎片的女子就会第一个结婚，而捡到最小的则预示着会终身不嫁。

　　看了上面的介绍之后，你们想不想去这个童话王国体验一下与众不同的风情呢？

第 14 讲　格林童话与其他西方童话

知识背景

　　除了安徒生童话，西方还有很多优秀的童话作品，其中最具代表性的就是格林童话。格林童话是世界文化遗产，被联合国教科文组织称赞为"欧洲和东方童话传统划时代的汇编作品"。而今，格林童话已被译为数十种语言，行销全球。在西方基督教国家中，它的销量仅次于《圣经》。此外，英国的王尔德、法国的夏尔佩罗等也是西方具有代表性的童话作家。

　　《格林童话》是小学语文课外推荐书籍和初中语文名著阅读指定书目，王尔德的《自私的巨人》被选入人教版四年级上册课本。

重点难点

1. 了解西方著名的童话作家及其代表作。
2. 熟悉格林童话的名篇及其特点。
3. 赏析《霍勒大妈》选段。

著作推荐

1. 书目推荐：《格林童话》，杨武能译，中国画报出版社。
2. 影视推荐：《仙履奇缘》，克莱德·吉诺尼米、威尔弗雷德·杰克逊、汉密尔顿·卢斯科导演，美国。

人物名片

格林兄弟

格林兄弟是指雅各布·格林和威廉·格林兄弟两人，他们是德国19世纪著名的语言学家和文化研究者。两人在合作进行语言学研究的过程中，搜集和整理了大量民间故事与传说，并合著了《儿童与家庭童话集》（即《格林童话》），因此合称"格林兄弟"。

代表篇目：《灰姑娘》《白雪公主》《小红帽》《勇敢的小裁缝》等。

1806年 格林兄弟开始进行语言学与文字学方面的研究。

1812年 出版第一卷童话《献给孩子和家庭的童话》，引起热议。

1818年 出版了两卷德国传奇故事和一卷早期文学史，影响极大。

1830年 供职于格丁根大学，开始专门研究德语的历史以及结构。

1837年 抗议汉诺威国王破坏宪法，被驱逐出境。

课前漫画

　　漫画中这位傲娇毒舌的年轻人就是英国著名作家王尔德，他才华横溢、性格孤傲，一生只写了9篇童话，然而每一篇都可以和安徒生童话、格林童话相媲美。

知识链接

西方童话作家

　　童话通过丰富的想象、幻想、夸张、象征的手段来塑造形象，反映生活，故事情节往往生动可爱，引人入胜。最初童话故事的读者除儿童之外也包括成人，但二十世纪之后，童话开始渐渐转变成儿童文学的一部分。西方童话作家中有很多为我们所熟悉，例如安徒生、格林兄弟等，今天，我们就来给大家介绍一下西方的童话作家吧。

作家	生卒年	国别	代表作
安徒生	1805年—1875年	丹麦	《海的女儿》《丑小鸭》《小锡兵》
格林兄弟	1785年—1863年	德国	《白雪公主》《灰姑娘》《小红帽》
王尔德	1854年—1900年	英国	《巨人的花园》《快乐王子》
夏尔·佩罗	1628年—1703年	法国	《灰姑娘》《小红帽》《小拇指》
卡达耶夫	1897年—1986年	俄罗斯	《黑海波涛》《我是劳动人民的儿子》
贾尼·罗大里	1920年—1980年	意大利	《洋葱头历险记》《吹牛男爵历险记》
阿·林格伦	1907年—2002年	瑞典	《穿长袜子的皮皮》《小飞人尼尔斯·卡尔松》
威廉·豪夫	1802年—1827年	德国	《长鼻子矮人》《年轻的英国人》
米切尔·恩德	1929年—1995年	德国	《小图丁杰姆和司机鲁卡斯》

🔔 每课金句

谁承认了自己的罪过，谁就能得到宽恕。

——［德］格林兄弟

🏆 作品赏析

我们总会赞扬勤劳善良的人，而鄙弃懒惰丑恶的人，霍勒大妈就是这样的例证。他们是善的化身，善良的人最初往往遭遇不幸，但几经周折，善人最终获得成功，过上美满幸福的生活。而通过童话故事，我们也会明白，勤劳、善良将带给我们无穷的财富。

霍勒大妈（节选）

从前，有一个寡妇，膝下有两个女儿，一个既漂亮又勤劳，而另一个则又丑又懒。寡妇却格外疼爱又丑又懒的那一个，因为是她的亲生女儿；另一个呢，不得不什么活儿都干，成了家里名副其实的灰姑娘。可怜的姑娘每天必须坐到大路旁的水井边纺线，不停地纺啊纺，一直纺到手指都被磨破了。

有一天，纺锤全让血给染红了，姑娘打算用井水把它洗干净，不料纺锤脱了手，掉进井里。姑娘一路哭着跑到继母跟前，对她说了这件不幸的事。继母听了，把姑娘臭骂了一顿，还威逼她说，除非她把纺锤从井里捞出来，不然就饶不了她。姑娘回到井边，不知如何是好。后来，她害怕再遭继母的斥骂，就跳进了井里。在井里，她失去了知觉，等苏醒过来时，发现自己躺在一片美丽的草地上，草地沐浴着灿烂的阳光，四周环绕着万紫千红的花朵，各自争妍斗艳。她站起身来，向草地的前方走去，在一座

烤炉旁停下了脚步，发现烤炉里装满了面包。

面包对她说："快把我取出来，快把我取出来，不然，我就要被烤焦啦。我在里面已经被烤了很久很久啦。"

姑娘走上前去，拿起面包铲，把面包一个接一个地全取了出来。随后，她继续往前走，来到一棵果实累累的苹果树下，果树冲她大喊大叫："摇一摇我啊，摇一摇我啊，满树的苹果全都熟透啦。"

于是，姑娘用力摇动果树，苹果雨点般纷纷落下，直到树上一个也不剩了，她才停下来；接着她又把苹果一个个捡起来堆放在一起，然后又继续往前走。

最后，姑娘来到一幢小房子前，只见一个老太太在窗前望着她。老太太青面獠牙，姑娘一见心惊胆战，打算赶快逃走。谁知老太太大声嚷嚷起来："亲爱的，你干吗害怕呢？就留在我这儿吧！要是你愿意在这儿好好干家务活儿，我保你过得舒舒服服的。你千万要当心，一定要整理好我的床铺，使劲儿抖我的床垫，要抖得羽绒四处飘飞，这样世界上就下雪了。我是霍勒大妈。"

老太太说这番话时，和颜悦色，姑娘于是鼓起勇气，答应留下来替她做家务事。她尽力做好每件事情，使老太太心满意足。抖床垫时，她使出全身力气，抖得羽绒像雪花儿似的四处飘飞。因此，老太太对她也很好，使她生活得挺舒适，每天盘中有肉，要么是炖的，要么是烧的。

就这样过了一段时间之后，姑娘渐渐变得忧心忡忡起来，原来是想家啦。

霍勒大妈看出了她的心思后说："你想回到家人身边，我听了很高兴。你在我这儿做事尽心尽力，我很满意，那么我就亲自送你上去吧。"

说罢，霍勒大妈牵着姑娘的手，领着她来到一扇大门前。大门洞开，姑娘刚刚站到门下，一粒粒的金子就像雨点般落在她身上，而且都牢牢地黏附在她衣服上，结果她浑身上下全是金子。

"你一直很勤劳，这是你应得的回报。"霍勒大妈对她说，说着又把她掉进井里的纺锤还给了她。

忽然，大门砰的一声就关上了，姑娘又回到了上面的世界，她就站在她继母家的附近。她走进院子的时候，蹲在辘轳上的大公鸡咯咯地叫了起来：

"咯……咯……咯……咯……，咱们的金姑娘回来啰！"

她走进继母的房间，因为浑身上下粘满了金子，继母和妹妹亲热地接待了她。

姑娘跟她们讲述了自己惊心动魄的经历。继母听完了她获得这么多金子的过程，就打算让她那个又丑又懒的女儿也享有这么多的金子，于是她把这个女儿打发到井边去纺线。为了使纺锤染上血污，这个姑娘就把手伸进刺篱笆里，将自己的手指扎破。然后，她把纺锤投入井里，自己也随即跳了进去。

在井里，她像姐姐一样，先是来到一片美丽的草地，然后顺着同一条小路往前走去。她走到烤炉前时，面包冲着她大声叫喊："快把我取出来，快把我取出来，不然我就要被烤焦啦。"可这个懒惰的姑娘听了却回答说："我才不想弄脏我的手。"说完继续往前赶路。

不大一会儿，她便来到苹果树下，果树跟上次一样喊叫着："摇一摇我啊，摇一摇我啊，满树的苹果全都熟透啦。"

她回答道："你说得倒好！可苹果落下来会砸着我的脑袋。"说完继续赶路。来到霍勒大妈的小房子前时，因为她听姐姐说过老太太青面獠牙，所以见了面一点儿也不感到害怕。第一天，丑姑娘心里始终惦记着作为奖赏的金子，所以强打起精神，装成很勤快的样子，而且事事都照着老太太的意愿来做。可到了第二天，她就懒起来了；第三天呢，她懒得更加不像话，早上甚至赖在床上不想起来，连整理好霍勒大妈的床铺这件事也给忘记了，更不用说抖床垫，抖得羽绒四处飘飞了。几天下来，老太太已经受够了，就预先告诉她，她被解雇了。懒姑娘一听，满心欢喜，心里想道："该下金雨啦！"

霍勒大妈领着她来到那扇大门前，可当她站到门下时，非但没有金子落下来，劈头盖脸地泼了她一身的却是一大锅沥青。"这就是你应得的回

报。"霍勒大妈对她说，说完便关上了大门。

懒姑娘就这样回到了家里，浑身上下糊满了沥青。蹲在辘轳上的大公鸡看见了她就咯咯地叫了起来：

"咯……咯……咯……咯……，咱们的脏姑娘回来啰！"

懒姑娘身上的沥青粘得很牢，无论怎样冲洗也无济于事，她只好就这样一辈子啦。

【阅读理解】

1. 给下列加点字注音。

膝盖（　　　　） 懒惰（　　　　） 解雇（　　　　） 沥青（　　　　）

2. 文中那位漂亮勤劳的姑娘为什么会跳井呢？

_____

_____

_____

3. 从文中第5自然段"接着她又把苹果一个个捡起来堆放在一起，然后又继续往前走"一句话中，可以看出这位姑娘是一个怎样的人？

_____

_____

_____

4. 这篇童话故事告诉我们什么道理？

_____

_____

_____

5. 联系生活实际，在你的生活中有没有继母的女儿这样的人，如果你见到她，你会对她说些什么？

_____

_____

【赏 析】

这个故事告诉了我们，人的一生要勤劳，不能懒惰。有时候并不是机会没有来到，而是因为自己的懒惰，错失了很多次机会，这不能怪别人，只能怪自己。人生不是什么事都是一帆风顺的，不经历的点风雨不会见到彩虹，故事中的金姑娘也是如此，勤劳的人，最终得到了很好的回报。

拓展阅读

欧洲三十年战争

在欧洲的历史上，日耳曼人曾经建立一个国家，叫神圣罗马帝国。长期以来，这个国家都是由上百个小诸侯国和自由城市组成。到了中世纪后期，神圣罗马帝国日趋没落，内部诸侯纷争不断，冲突时有发生。

1526年，波西米亚地区（现在捷克的中西部）并入神圣罗马帝国。神圣罗马帝国皇帝信奉天主教，而波西米亚人则信奉新教，于是，神圣罗马帝国皇帝便强迫波西米亚人放弃自己的宗教信仰，改信天主教。神圣罗马帝国皇帝册封的波西米亚国王斐迪南是个狂热的天主教徒，他对波希米亚的新教徒进行大规模的迫害，禁止新教徒的宗教活动，还拆毁了他们的教堂。

这样的暴力行径终于激怒了波西米亚人。1618年5月23日，波希米亚首都布拉格的新教徒发动起义，冲进王宫，将神圣罗马帝国皇帝的两名钦差从窗户里扔了出去，并宣布成立临时政府，波西米亚独立。这件事情就像一根导火索，瞬间引爆了众多小国反对神圣罗马帝国的怒火，大家纷纷起兵，宣布独立，战火迅速蔓延到了整个欧洲。

1648年，各参战国签订《威斯特伐利亚和约》，战争宣告结束。从1618年到1648年，这场战争持续了整整三十年，所以被称为"三十年战争"。因为德国是这场战争的主战场，所以日耳曼民族成了战争最大的受害者：神圣

罗马帝国土崩瓦解，民族分裂，人口更是减少了约60%！

此后的一百年，日耳曼民族依然是一盘散沙，而身边的法国、瑞典等国家则变成了欧洲强国。看到这样的情景，日耳曼人急切地渴望国家和民族的统一。当时的格林兄弟就是坚定的统一派，他们努力把研究历史遗产与人民对自由、民主、统一的要求结合起来。他们开创了日耳曼语言学研究的先河，也为德意志民族是个统一的民族提供了有力的论证。

第 15 讲　中国童话概览

知识背景

　　童话是最富儿童文学特点的一种文体。在儿童文学领域的诸多体裁样式中，它最能体现儿童的审美特征。中国童话的发展始于五四运动，当时诞生了许多脍炙人口的优秀作品。中国童话侧重对儿童进行思想教育，更倾向于现实主义。

　　许多优秀的中国童话作品也入选了中小学语文课本：沈百英的《六个矮儿子》和洪汛涛的《神笔马良》被选入人教版三年级上册，郭以实的《鸟儿的侦查报告》和田海燕的《九色鹿》被选入北师大版五年级上册。

重点难点

1. 了解中国童话的发展历程。
2. 了解中国童话的代表作家及其代表作。
3. 赏析《皮皮鲁遇险记》（节选）。

著作推荐

1. 书目推荐：《中国名家经典童话——张天翼专集》，张天翼著，北京日报出版社，2011年。
2. 动画推荐：《没头脑和不高兴》，张松林导演。

主题名片

中国童话产生于二十世纪二十年代，早期代表作品是叶圣陶先生的《稻草人》。随后中国文坛开始涌现出一大批童话作家，佳作迭出。中国童话在吸取西方童话特点的基础上，融汇了浓厚的民族特色，与西方童话风格区别明显。

代表作：张天翼的《大林和小林》《秃秃大王》，严文井的《"下次开船"港》，郑渊洁的《皮皮鲁总动员》，曹文轩的《草房子》等。

1919年　大量西方著名童话被引进中国。

1923年　叶圣陶的《稻草人》出版，这是我国现代第一部童话集。

1933年　《大林和小林》出版，成为中国现实主义童话的又一里程碑之作。

1949年　新中国成立，中国当代童话迎来黄金时代。

1985年　郑渊洁开始独自连载儿童文学杂志《童话大王》。

2016年　曹文轩成为第一个获得"国际安徒生奖"的中国作家。

这个没头脑的家伙究竟是谁？他就是中国著名童话作家任溶溶创作的《没头脑和不高兴》中的没头脑。能没头脑到这种地步，也真是难得啊！

中国童话与西方童话的区别

与西方童话相比，中国童话出现的时间非常晚。五四运动开始之后，中国人才开始翻译西方童话，掀起改写中国民间传说的热潮。因此，中国童话是在向安徒生、王尔德等西方著名童话作家学习的基础上形成的。

众所周知，在西方的童话中，经常会出现王子和公主这样的角色。而中国童话由于文化原因，则很少出现这样的题材。此外，由于侧重通过童话故事对儿童进行思想教育，中国童话的内容多是主人公经历种种旅程，最后思想境界得到升华。也就是说，西方童话富有浪漫主义色彩，而中国童话则更倾向于现实主义。另外，中国童话多带有浓厚的地方色彩，常常夹杂着一些地方土话以及当地的民俗、民谣等。

著名童话作家张天翼创作的《大林和小林》《秃秃大王》等作品，被誉为继叶圣陶之后中国童话史上的第二个里程碑。其中《大林和小林》讲述了一对叫作大林和小林的亲兄弟的故事，大林好吃懒做，小林善良朴实。兄弟俩自幼失去了父母，外出旅行时被怪物追赶，失散了。小林历尽磨难，终于和新认识的好伙伴乔乔一起逃出魔掌，跟着善良的火车司机学开火车。而大林去给有钱人当儿子，不学好，最后悲惨地死去了。

严文井的中篇童话《"下次开船"港》是我国童话史上的重要作品，被誉为童话园地里一朵"绽开的鲜花"。故事讲的是小学生唐小西因贪玩而经常把功课推到"下次"，灰老鼠乘机把他引入永远到不了"下次"的"下次开船"港。在这个没有时间、一切都静止的地方，唐小西终于认识到"时间"的意义。他逃出"下次开船"港，乘"这次"就开的帆船，回到了妈妈身边。

综上所述，中国童话饱含理想主义色彩，更倾向于对儿童进行思想教育。

📢 每课金句

你要从他作品中寻找惊人的事，不一定有；然而即在初无惊人处，有他那种净化升华人的品性的力量。

——茅盾评叶圣陶的童话

🏆 作品赏析

"童话大师"郑渊洁创造了皮皮鲁、鲁西西、大灰狼罗克、舒克和贝塔等一系列著名的童话形象。他的童话集《皮皮鲁总动员》的销售量创造了中国出版史上的奇迹。下面的文段就是节选自《皮皮鲁总动员》，选段讲的是一直感到孤独的皮皮鲁不小心掉下公园的虎山后，发现这头名为"虎崽"的老虎原来也一直很孤独，两个人马上成了好朋友。但是虎山外的大人们却吓坏了……

皮皮鲁遇险记（节选）

公园管理处立即召开了紧急会议，决定成立抢救皮皮鲁领导小组。经过请示上级，公园管理处主任担任领导小组组长，市园林局局长担任名誉组长。

领导小组召开第一次会议。成员有动物学专家、老虎习性问题专家，还有登山专家、杂技团演员、部队神枪手……第一次会议商定，领导小组下设小小组十七个，有信息组、联络组、射击组、突击组、救护组、安全组、宣传组、家属安慰组……全市各大报纸都派记者前来采访，电视台的转播车开到了虎山旁边，现场向全市转播抢救实况。

抢救小组拟定的第一个方案：用麻醉枪将老虎打昏。

部队的神枪手拿着麻醉枪来到虎山旁。

"皮皮鲁，我们现在来救你！请你听从指挥，快离开老虎！"抢救领导小组宣传小小组第三副组长用手提式半导体扩音器向皮皮鲁喊话。

皮皮鲁一抬头，便发现了几只乌黑的枪口，他明白了，他们要打虎崽，于是他赶快站到了老虎的前面。

"他们要用枪打你，别怕，我用身体挡着你，他们不敢打！"皮皮鲁站在老虎的前边。

"干吗打我？"老虎纳闷。

"怕你吃我。"

"可我没吃你呀！"老虎觉得有点委屈。

皮皮鲁忙说："跟你在一起，比跟谁在一起都愉快！"

"我也是。"

皮皮鲁干脆和老虎紧贴在一起，神枪手们大眼瞪小眼，谁也不敢放枪。

皮皮鲁的爸爸妈妈赶来了，妈妈用哭的腔调哀求皮皮鲁躲开老虎。

校长赶来了。

副市长赶来了。

全社会都行动起来了，所有的人都喊救救孩子！自愿报名下虎山救孩子的勇士已达到三千人；空军的直升机在虎山上盘旋；消防车的云梯严阵以待……皮皮鲁被这场面惊呆了，他想不通，在他孤独寂寞的时候，没人来救他。当他找到了知音时，大家却来"救"他了。

皮皮鲁索性死抱着老虎脖子不放。

虎崽已经被这个天罗地网的场面吓坏了，不知所措地紧靠着皮皮鲁。

"别怕，有我在你身边，他们不敢对你怎么样。"皮皮鲁给虎崽打气，"我不离开你。"的确，皮皮鲁头一次尝到愉快的滋味儿，他不愿失去这一切。

市长亲自赶到现场，领导小组升格为抢救皮皮鲁领导委员会，由市长亲自担任主任委员，同时正在物色德高望重的名誉主任的人选……抢救工作全面展开了：巨大的探照灯，把夜幕下的虎山照得如同白昼；全天候红外线直升机悬停在虎山上空，嗖嗖嗖，几十条云梯同时放下来了，经过挑选的一百名身强力壮的当代武松随时准备"明知山有虎，偏向虎山行"；救护车的马达已经发动，警报器旋转着；电视台的摄像机将现场的一切情况摄入镜头，电波信号在空气中飞腾，钻进千家万户的电视接收机……全市人民坐在电视机前，目睹这一全社会总动员为抢救一个普通孩子的壮烈场面，无不为之热泪盈眶。

一颗信号弹腾空而起，抢救皮皮鲁的战役打响了！

直升机几乎就悬在距皮皮鲁和虎崽头上几米的地方，巨大的气流吹得皮皮鲁睁不开眼睛。当代武松们趁机沿着云梯下了虎山，朝皮皮鲁跑来。

皮皮鲁死抱着老虎的脖子不放。几名勇士上来拉他的胳膊。

皮皮鲁明白非走不可了，他清楚，只要老虎露出咬人的意图，神枪手就会开枪，所以皮皮鲁从开始就告诫虎崽别动口，虎崽遵守着朋友的忠告。

皮皮鲁弄不过几个大人，他松手了。

"虎崽，以后我天天来看你！"

"我等你！"

皮皮鲁几乎是被抢救队员们绑架到一旁，老虎舍不得和皮皮鲁分手，它追了上去。就在这时，"呼——"一声枪响。

皮皮鲁回头一看，虎崽倒在血泊中。

全市人民都松了一口气，孩子脱险了！

整座城市都沉浸在节日般的气氛中。报纸出了号外，题目是《一曲震撼人心的凯歌》；作家们抓紧采访有关人员，赶写报告文学和电影剧本；各级领导部门连夜统计本单位参加抢救的人员名单，准备报功开发奖大会；皮皮鲁的学校成了新闻中心，校长的名字头一次变成铅字，老师的形象头一次印上报纸。老师的七大姑八大姨抢购了上千份报纸。

全市只有一个人在哭，把枕巾都哭湿了。

【阅读理解】

1. 给下列加点字注音。

   名誉（　　　）　纳闷（　　　）（　　　）　血泊（　　　）（　　　）

2. "皮皮鲁被这场面惊呆了，他想不通，在他孤独寂寞的时候，没人来救他。当他找到了知音时，大家却来'救'他了"一句中，"知音"指的是什么？

   _____

   _____

3. 选文为了表达皮皮鲁对老虎的保护，运用了一系列的动作描写，请你找出相关动词，写在下面。

   _____

   _____

4. 你认为《皮皮鲁遇险记》中大人们营救皮皮鲁，打伤老虎的做法对不对？为什么？

   _____

   _____

   _____

【赏　析】

　　可怜的皮皮鲁，平时没有朋友能听他倾诉自己的"异想天开"，一不小心掉进虎山，没想到最危险的老虎却成了他最知心的朋友。然而两个好朋友还没来得及多聊，吓坏了的大人们已经开始了对皮皮鲁的营救计划。尽管皮皮鲁一再向大人强调虎崽是朋友，不吃人，但自以为是的大人们还是开枪打伤了虎崽，并欢呼雀跃，同时校长、老师、公园园长都利用这件事大出风头，赚取了利益。小小的童话，却深刻地讽刺了那些只看重名利而不关心儿童想法的人。

怂恿儿子退学的"童话大王"

有"童话大王"之称的郑渊洁，小学四年级起就退学在家，靠父母的辅导与勤奋的自学，成为了一代童话名家。不仅如此，成为父亲后，他还三番五次怂恿儿子退学。于是，父子俩共同演绎了一场极具童话魅力的家教故事。

其实，郑渊洁本来也是打算让儿子去学校接受正规教育的。但亲眼目睹了儿子在正规学校受到的一次次"心灵摧残"后，他毅然决然地把儿子从学校带回了家。

儿子上幼儿园的时候，有一次撅着小嘴、情绪低落地回到了家。一问才知道，原来是被老师独自关进小黑屋待了好几个小时，原因是他在老师不允许说话的时候说话了。郑渊洁一听就急了：现在正是孩子心灵成长的关键期，怎么能把孩子关进小黑屋呢？这会给孩子的心灵造成多大的伤害呀！一怒之下，郑渊洁把儿子接回了家，从此再没有让儿子踏入幼儿园半步。空闲在家的儿子从此和各种各样的玩具一起度过了一个快乐的童年。郑渊洁认为，只要掌握好度，玩游戏不但能开发孩子的智力，还能培养孩子的创造力。

小学临毕业的时候，儿子的班主任为了提高班里平均分，提前把区里的统考题发给了学生，让大家好好准备考试。儿子回家和郑渊洁一商量，联手干了一件解气的事儿：让儿子故意只考一个及格分，好拖全班的后腿。考完试后，郑渊洁又让儿子退学了，儿子也欣然答应，还和郑渊洁一起送给班里每一个差生一本童话书，书上写着：你是最棒的。

到了该上初中的时候，在亲人朋友的屡次劝说下，郑渊洁勉为其难地又带儿子来参加中学的开课测试。儿子排队等候时，郑渊洁透过窗玻璃往里

看，发现主考官正在训斥一个孩子："你怎么这么笨？""你智商是不是有问题？"他实在看不下去了，这对孩子是极为严重的伤害呀，绝对不能容忍！于是，他第三次拉着儿子退学了！

当然，郑渊洁把儿子带回家也没有放任不管，他腾出家里的一个房间布置成教室，黑板、讲台、课桌，一切都和学校的一样，还在暖气片上绑上一面国旗，每周一举行升旗仪式。他还亲自为儿子编写了几十万字的童话教材。现在，儿子已经开始和郑渊洁一起编写既有趣又有教育意义的童话和游戏了。

第 16 讲 《圣经》故事

知识背景

　　《圣经》是希伯来民族文化的宝贵遗产，其中的哲学和神学观念随着基督教的广泛传播，已经为世界，尤其是西方社会的发展带来了巨大影响，它和《古希腊神话》同为打开西方精神世界的钥匙。

　　此外，许多影视作品也取材于《圣经》，如《圣经故事》《圣经密码》等电影。

重点难点

1. 了解犹太教和基督教的相关文化知识。
2. 了解《旧约》和《新约》中的经典故事。
3. 赏析《创世记》选段。

著作推荐

1. 书目推荐：《圣经故事》，洪佩奇、洪叶编著，江苏译林出版社有限公司。
2. 影视推荐：《出埃及记》，布伦达·查普曼导演，美国。

主题名片

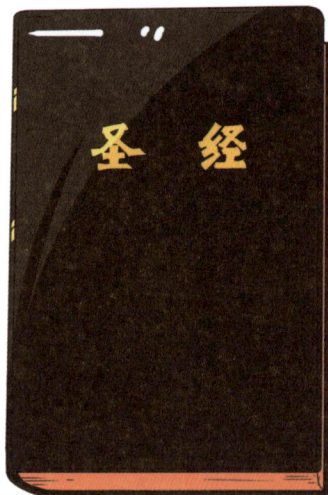

《圣经》是犹太教和基督教的宗教经典，是关于神与人类的传记。它由《旧约》和《新约》组成。《旧约》是犹太教的经典，记录了犹太人苦难的历史；《新约》是基督教的经典，包括记载耶稣生平和言行的"福音书"、叙述早期教会情况的《使徒行传》等。

耶稣的生平和重大宗教节日的关系

平安夜　12月24日晚，即圣诞前夕，基督教国家的圣诞节节日之一。

圣诞节　公元440年，由罗马教廷定12月25日为圣诞节，纪念耶稣诞生。

复活节　公元325年，尼西亚宗教会议规定，每年过春分月圆后的第一个星期天为复活节，是纪念耶稣基督复活的节日。

圣灵降临节　复活节后第五十天，是为纪念耶稣复活后差遣圣灵降临而举行的庆祝节日。

公元纪年　从耶稣出生之年算起，这一年以前的年份叫公元前某年，以后的年份叫公元某年。

课前漫画

国王有令：犹太人新生的男孩全部杀掉！

孩子，我只能把你放到水里，期望有好心人救你！

埃及公主

可怜的孩子，跟我回王宫吧！

十多年后

去解放犹太人吧！

埃及追兵

这个小男孩拥有人人羡慕的法力，能把大海分成两半，同学们知道这个小男孩是谁吗？他就是摩西，是犹太人的民族领袖，也是犹太教的创始者。而漫画中描述的故事就是摩西劈红海，大家快随我一起进入今天的学习吧。

摩西诞生

约在三百多年前，希伯来人雅各有一个儿子叫约瑟，被卖到埃及去，因为他敬畏神，神就赐他聪明智慧，为埃及王法老解梦！法老王就派他作埃及全地的宰相，神差约瑟先到埃及，借着约瑟的身份，使雅各家族不断繁衍，越发兴旺发达，势力扩张，到后来人口达两百万之多。在埃及，他们成为大族，来实行对亚伯拉罕的应许。经改朝换代之后，新的君王不再欢迎这批外族人，也不纪念约瑟的辉煌贡献。当时在东方邻国有战争的预兆。法老王担心这些希伯来人会与仇敌勾结，而且他们的人数已增加到构成威胁的地步，于是他决定要大肆残害逼迫。

埃及人立了一个规定，以色列民族生男孩时，叫接生婆把他们的孩子在出生时杀死，真是一帮惨无人道的家伙。有一个利未家的人，生了一个俊美的男孩。父母非常疼爱他，就冒着生命危险把他藏在用石漆抹过的蒲草箱里，把箱子放在河边的芦苇中。派他的姐姐米利暗偷偷地看守着，免得受伤害。转眼过了三个月，一天。法老的女儿来河边洗澡时，发现了芦苇中的蒲草箱，就派人打开。看见了一个可爱的男孩子，那孩子见到公主就放声大哭起来。公主是个非常善良的人，就把这个男孩带回王宫把他收为义子，像对待自己的亲生骨肉那样，还把孩子的母亲接到宫中给孩子喂奶。她给小王子起了个具有纪念意义的名字———摩西。意思是"我从水中把你拉上来"。

每课金句

爱是不计算人的恶，凡事包容，凡事相信，凡事盼望，凡事忍耐。

——《圣经·新约》

作品赏析

在中国的神话中，远古时天地混沌，像个大鸡蛋，盘古就生长在这个大鸡蛋中。经过一万八千年，天和地分裂开来，阳清为天，阴浊为地，就这样创造了世界。根据《圣经》中的记载，很久很久以前，宇宙间也是一片黑暗混沌，上帝用七天创造了世界。这些内容记录在《创世记》中。

创世记（节选）

太初的时候，宇宙间一片黑暗，地面也是空虚混沌，唯有上帝的灵运行在水面上。上帝说："要有光！"于是就有了光。上帝认为光是好的，就把光和暗分开了，将光称为昼，暗称为夜。从此也就有了早晨和晚上。这是第一天的事情。

第二天，上帝说："在水之间要有空气，将水分为上下两部分。"于是上帝就创造出了空气来将水分开，从此就有了苍穹。第三天。上帝说："天下的水都要汇聚到一个地方，以便使陆地露出来。"事情果然如同上帝所说的那样实现了，上帝就将汇聚着水的地方称为海洋，称大地为陆洲。

第三天，上帝又说："大地要生长出各种青草和结种子的蔬菜、结果子的树木。"于是大地上从此一片郁郁苍苍，各种花草树木争奇斗艳。

第四天，上帝说："天空中要有发光体，可以用它来分昼夜、做记号，定节令、日子和年岁，并要在天空中发出光来，普照到地上。"于是上帝就创造出了日月星辰，它们从此在天空中运行，有了节气周而复始的变化。

第五天，上帝说："水里要滋生出许多有生命的动物，要有雀鸟在天空飞翔。"于是，上帝就创造出了五花八门的鱼类和飞鸟。上帝认为这些动物都是可爱的，就赐福给这一切，他说："水中的生物要多多地滋生，

遍布于海洋；雀鸟也要多多生长在地上。"

第六天，上帝说："大地上要生出各类牲畜、昆虫和野兽。"于是，上帝就创造出了大地上各种千奇百怪的动物。上帝看着自己创造的世界，觉得一切都是美好的。

在创造了这些东西之后，上帝说："我要按照我的样子创造人，让他们来管理海里的鱼、天空的鸟和地上的兽及昆虫。"于是，上帝就按照他的形象造男造女，并为他们赐福说："你们要生养众多并治理这个世界。看啊，我将地上一切结种子的蔬菜和树上一切带核的果子，全都赐给你们作食物。至于地上的走兽和空中的飞鸟，以及各种爬在地上的有生命的动物，我将青草赐给它们作食物。"

就这样，上帝一共花了六天的时间创造出了天地万物。到第七天，上帝创世的工作已经完毕，于是就休息了，并把第七天定为圣日，休息日。

【 阅读理解 】

1. 给下列加点字注音。

混沌（　　　）（　　　）　苍穹（　　　）

2. 填表

日期	事件
	创造了太阳、月亮和星星
第六天	
第七天	

3. 上帝为什么要创造人类？

_____

_____

_____

4. 上帝为什么创造出日月星辰？

　　_____

　　_____

　　_____

5. 上帝赐给人类哪些东西作为食物？

　　_____

　　_____

　　_____

【赏　析】

　　《创世记》记录了世界万物的起源，正如文中提到的，从混沌到秩序，原本黑暗的世界随着神创造光而消散了。在创造的第二和第三天，神整顿宇宙的秩序；在以后的三天，神创造各样的生物增光添彩。文章选段不仅揭示了"神创造天地"，更揭示了神创天地的背景及整个过程，能够让我们更多地认识神，认识他的永存性和创造性。

拓展阅读

圣诞节的由来

　　从12月24日到下一年1月6日为圣诞节节期，节日期间，各国基督教徒都举行纪念仪式。圣诞节本来是基督教徒的节日，由于人们格外重视，它便成为一个全民性的节日，国家一年中最盛大的节日，类似我国过春节。

　　西方人以红、绿、白三色为圣诞色，圣诞节来临时家家户户都要用圣诞色来装饰。西方儿童在圣诞夜临睡之前，要在壁炉前或枕头旁放上袜子，等候圣诞老人在他们入睡后把礼物放在袜子内。在西方，扮演圣诞老人也是一种习俗。

　　"圣诞节"这个名称是"基督弥撒"的缩字。弥撒是教会的一种礼拜仪式。我们把它当作耶稣的诞辰来庆祝，因而又名耶诞节。这天，世界所有的基督教会都举行礼拜仪式。交换礼物，寄圣诞卡，这都使圣诞节成为一个普天同庆的日子。

　　不知大家是否知道，耶稣的出生是有一段故事的！

　　耶稣是因着圣灵成孕，由童女马利亚所生的。神更派遣使者加伯列在梦中晓谕约瑟，叫他不要因为马利亚未婚怀孕而不要她，反而要与她成亲，把那孩子起名为"耶稣"，意思是要他把百姓从罪恶中救出来。当马利亚快要临盘的时候，罗马政府下了命令，全部人民到伯利恒务必申报户籍。约瑟和马利亚只好遵命。无奈的是，他们到达伯利恒时，天色已昏，无奈两人未能找到旅馆投宿，只有一个马棚可以暂住。就在这时，耶稣要出生了！于是马利亚唯有在马槽上，生下耶稣。后人为纪念耶稣的诞生，便定十二月二十五日为圣诞节，年年做弥撒，纪念耶稣的出世。

叁·新派作文

第 17 讲　课间活动

知识背景

　　课间活动是活泼有趣、丰富多彩的。下课后，同学们有的在教室里做游戏，有的在操场上踢足球，还有的在座位上看书写字。以"课间活动"为主题的作文是小学阶段必须掌握的作文题材之一：人教版三年级上册第一单元习作"课余生活"，北师大版四年级上册第四单元习作"为喜欢的游戏写明规则"，北师大版六年级上册第四单元习作"学校中的运动会"，这些作文练习都和活动有关。本次作文题目为"课间活动"，旨在锻炼学生学会按顺序描写活动过程，选材贴近学生生活，容易上手。

重点难点

1. 掌握写好活动的方法；
2. 按要求完成以"课间活动"为主题的作文。

著作推荐

1. 篇目推荐：《踢毽子》，汪曾祺；《钓鱼》，丰子恺；《童年游戏》，陈村。
2. 影视推荐：《放牛班的春天》，克里斯托夫·巴拉蒂导演。

课前阅读

某班级有三个很贪睡的家伙，同学就给他们起了绰号：睡霸、睡圣和睡神。

某日，这三人决定比赛谁睡得久。从上早自习开始，睡到中午，睡霸爬起来，独自去吃午饭了。到下午放学时，睡圣也爬起来了，自己走回家去了。

隔天早上自习时，只见睡神睁开眼自言自语道："睡了这么久，怎么还在早自习？"

你们看这三个贪睡的家伙，不仅错过了老师精彩的讲课，还错过了一个个多姿多彩的课间生活。我们可千万不能学习他们，一定要珍惜时间，把握住每一节课上的精彩内容，充分享受课下丰富多彩的快乐时光。今天我们就来学习如何记录课间活动。

技法展示

"课间活动"的主题作文在写法上可以分为两大类，一类是活动的参与者，重在描写自己参与活动的过程和心理变化；另一类是活动的旁观者，重在描写不同地点的多个活动场景。两类文章的角度不同，在写作方法上也略有差异。

第一类：活动的参与者

开头：交代活动的时间、地点、参与人员、起因、规则等。

例 下课了！下课了！同学们杀出了教室来到了操场，操场上热闹非凡，同学们有的跳绳，有的踢毽子，有的打篮球，有的做游戏，可真精彩啊！

正文：写清活动的过程，自己的动作、表情、心理变化等。

例　我跳绳跳得最快！只听见绳子甩在空中发出"嗖嗖"的风声，打在地上，发出"啪啪"的响声。别人目不转睛地看着我，她们在旁边帮我数数："一、二、三……"我跳着跳着突然被绳子绊了一下，没能继续跳一下，我一分钟跳了190下，她们都给我鼓掌，向我祝贺。

　　结尾：总结活动的收获、心情等。

例　"铃铃铃……"上课铃声响起了，同学们纷纷向教室跑去。课间虽然很短暂，但我们都玩得很开心，真希望下节课间早点到来。

第二类：活动的旁观者

　　可借地点的转换，描写不同地方的多个活动场景。我们一般可以将课间活动分为三派：看书派、游戏派、运动派。现在就让我们一起去看看怎样把每一派的活动写详细吧！

1. 看书派

例　几个学生头挨着头紧紧地挤在一堆儿，捧着一本书看得津津有味，不时还会爆发出一阵哄笑。挤在最中间的女生看得十分专注，眉头微微皱着，不时伸出舌头舔一下嘴唇，又黑又亮的眼珠从左到右，从右到左，把书中的每一个字都尽收眼底。这个女生刚翻了一页，边上一个留着寸头的男生就赶紧叫起来："等会儿，等会儿，我还差两行呢！""快点儿！快点儿！"中间的女生着急地催促道。"小寸头"刚看完最后一个字，大家就赶紧翻了一页，又迫不及待地接着读了起来。

2. 游戏派

例　"杀！""杀！""杀！""杀！""我还有，接着杀！""啊——"真是一场激烈的决斗啊！得胜的"关羽"在一旁得意地哈哈大笑，反贼阵营的其他人都惊喜地问他怎么有这么多杀牌。被"杀死"的忠臣"司马懿"仍在"啊——啊——"地嚎叫不止，不敢相信自己居然就这样被"决斗"死了。看"司马懿"没完没了地鬼哭狼嚎，"小乔"一把抢下了他最后一张牌，说："别嚎啦，看我给你报仇！""小乔"的话把大家又拉回到游戏中，坐在下家的主公"刘备"开始了摸牌。

3. 运动派

例　"传过来！传过来！"一个戴着眼镜的男生向正在带球的队友大声招呼着。一记妙传，篮球稳稳地传到戴眼镜男生的手里。只见他带球一路狂奔，面对上来封挡的"敌军"，不慌不忙，一个假动作就晃了过去。马上就要面对球篮了！对方篮下已经聚集了两位高个子中锋，准备盖他的帽。戴眼镜的男生犹豫了一下，觉得自己实在没有太好的投篮机会，果断将球传给了身边的队友。队友接到球没有丝毫犹豫，纵身一跃，出手！只见篮球在空中画了一道优美的弧线，球网一抖，全场瞬间爆发出一片欢腾，三分！

分析：同学们在选材时可以从这几方面选2~3个活动写，注意不要把每个活动都写得非常详细，要有详有略，有所取舍。看书派的整体氛围是安静、和谐的，"眉头微皱，眼睛盯着"，作者将同学们专注的神情描写得很形象；游戏派的整体氛围是热闹、激烈的，"鬼哭狼嚎"表现出了同学们玩游戏时有趣开心的样子；运动派的整体氛围是紧张、激动的，动作描写得十分细致，很有感染力。

本课习作

1. 选择你参与的课间活动，写一篇不少于350字的文章。
2. 选择一个你作为旁观者的课间活动，写一篇不少于350字的文章。

✏️ 写作锦囊

【【 按图索骥 】】

结构	关键词
开头	"铃铃铃……"下课了、冲出教室、走廊里、操场上、教学楼前、篮球场、他提出来玩……的游戏
正文	慢吞吞、暗想、灵机一动、转念一想、捧腹大笑、气喘吁吁、千钧一发之际、飞来飞去
结尾	上课铃声响了、游戏结束了、开心极了、我知道了……我明白了……

【【 日积月累 】】

1. 活蹦乱跳：形容青少年健康活泼，生命力旺盛的样子。
2. 津津有味：形容趣味浓厚或很有滋味的样子。
3. 生龙活虎：形容人活泼矫健，富有生气。
4. 尽收眼底：把景物等全部看在眼里。
5. 热血沸腾：比喻激情高涨。

【【 妙笔生花 】】

　　我最喜欢玩乒乓球，看我和小明打得多激烈啊！我蹦过来蹦过去地接球。头上的汗珠都要比过下雨了。围观的同学越来越多，加油声也越来越大。忽然，小明的一个扣球，把我打下去了。为小明喊加油的同学高声欢呼，可为我喊加油的同学却埋怨我不争气。哎！我决心下次一定要打败他。轮到我发球了，我屏气凝神，左一个右一个，终于把他给打了下来！在场的人都为我欢呼起来。

范文赏析

我们在写作文的时候常常以观察者的角度，平铺直叙地讲述一个故事或描述一个场景，这种写法虽然有利于全方位、整体性地描写，但是难以创出新意。下面的范文另辟蹊径，采用记者报道的角度，把课间生活的几个镜头直播给我们听。

课间直播

女士们先生们大家好一欢迎再次收听本"金牌记者"的课间直播。

下课铃响了，倪老师走出教室仅30秒，男同学们就又玩起了"米米币"，我虽身在报道，但心在赛场。只听得呐喊声一片："鲁斯王加油！加油！"真是让我耳膜不得清净，为了防止我抵御不住诱惑擅离职守，赶紧撤离！

再看教室内其他的男生，一个个都举起了"尖叫瓶"，看水！不知又是哪位仁兄中"弹"了，他可真是铁打的硬汉啊，虽然中了"弹"，却仍顶着湿淋淋的头发继续战斗。班里的气氛顿时比泼水节还要热闹，跟"真人版CS枪击战"有一拼啦！不少女生已经被殃及池鱼，尖叫着四处逃窜了。到底哪位战士会笑到最后呢，让我们……啊！我中"弹"了！我只好放弃继续解说，在"枪林弹雨"中"奋不顾身"地逃出去……

大家现在看到的是楼道里的景象，可怜的数学课代表正抱着一大摞作业晃晃悠悠地往老师办公室走，那一大摞作业抱在手里已经快遮住了他的视线，我正在犹豫要不要去帮忙，旁边另一个抱着更高一摞作业的英语课代表已经从后面超过了数学课代表，二人俨然开始了竞走比赛，看到他们都脚底打颤但还不忘争先，我不禁深深为之感动！看来他们也不需要我来帮忙，那我就不再多作逗留，先走啦！

我刚要回班查看战果，对面的阿超同志就以两公里每秒的速度狂奔而来，边跑边喊："倪老师来了，倪老师来了！"这一嗓子真是威力无穷，

一瞬间，伴随着倪老师轻盈的"莲花步"，全班又都端坐在自己的位置上了……

课间活动到此结束，欢迎50分钟后继续收听本"金牌记者"的下一期课间直播节目。再见！

〖赏　析〗

文章作者以活动的旁观者的角度，选取了三个活动进行写作，"米米币"大战比较简略，而尖叫瓶大战和课代表竞走比较详细，详略得当，重点突出，使文章读起来活泼有趣。

拓展阅读

找红星游戏

今天讲了这么多课间活动，现在再给大家介绍一种非常好玩的游戏——找红星游戏。同学们不仅可以在课间玩，课上也可以由老师带领大家一起玩。下面我们就来给大家介绍一下这个游戏的玩法。

首先我们先选出一名同学，作为找红星的人，让他到教室外面去，等教室内的大家把红星藏好后再进来。然后就由老师或者其他组织者把要找的红星（可以自己用红纸剪一个，或者用一些其他的小物件代替）藏到一个地方，可以是一名同学身上，也可以是一个书桌里，或者教室里的其他地方。

一切准备就绪后，就请教室外的同学进来寻找。这时大家要给他一些便于寻找的信息——掌声。就是说，当找红星的同学开始找的时候，同学们就开始一起鼓掌，当他离红星越近时，同学们的掌声就越大：反之，他离红星越远时，掌声就越小。找红星的同学就通过掌声大小的变化确定红星的位置，最终找到它！

当然，为了增加难度，可以只给找红星的同学一次机会，他一旦确定地点就不能再改。如果找错了，我们就可以给他一点小惩罚，比如表演个节目或者提问真心话之类；如果找对了，我们也可以给些适当奖励，比如一根棒棒糖之类。

同学们，看完介绍之后你们知道这个游戏要怎么玩了吗？有时间就玩玩看吧，相信一定会让你度过一个美好的游戏时光的！

第 18 讲 校园生活

知识背景

　　校园生活丰富多彩，课堂上下都有故事，有些故事和老师有关，有些故事和同学有关，有些故事发生在校园活动之中，有些故事发生在和你亲密的小同学之间。把"校园生活"写成作文是小学阶段习作的重点，人教版三年级上册第一单元习作"课余生活"，北师大版四年级上册第一单元习作"和老师一起度过的时光"，北师大版六年级上册第四单元习作"学校中的运动会"，苏教版初一年级第一单元习作"写学校中与朋友快乐或感动的瞬间"，人教版初一年级第一单元习作"记录一次感受或印象最深的学习经历"，都是和校园生活相关的习作要求。掌握校园生活类作文选材的分类以及写作注意事项，可以帮助大家化繁为简，化难为易。

重点难点

1. 掌握校园生活作文选材的分类及每类选材的注意事项。
2. 写一件关于"校园生活"的一件事。

著作推荐

1. 篇目推荐：鲁迅《从百草园到三味书屋》，都德《最后一课》，张之路《羚羊木雕》，魏巍《我的老师》。
2. 书目推荐：《爱的教育》，埃迪蒙托·德·亚米契斯著。

课前阅读

池塘边的榕树上

知了在声声叫着夏天

操场边的秋千上

只有蝴蝶停在上面

黑板上老师的粉笔

还在拼命叽叽喳喳写个不停

等待着下课等待着放学

等待游戏的童年……

《童年》这首歌，为大家展现了一幅幅人在童年，有些孤独、有些无奈，但是又充满美好回忆、美好幻想的校园生活图画，每当耳边响起它的旋律，人们不禁回想起自己童年的校园生活。身为小学生的你们，你们有怎样的校园生活呢？今天就赶紧和大家分享一下吧！

技法展示

第一步：写什么

在学校中，我们接触到最多的便是老师和同学，师生之间的故事、同学之间的故事和校园活动都可以写进作文里。

师生之间：有趣的课堂、师生间的误会、恶作剧、教师节、辩论赛等。

例 她从来不打骂我们。仅仅有一次，她的教鞭好像要落下来，我用石板一迎，教鞭轻轻地敲在石板边上，大伙笑了，她也笑了。我用儿童的狡猾的眼光察觉，她爱我们，并没有存心要打的意思。孩子们是多么善于观察这一点啊。

——魏巍《我的老师》

与同学之间：互帮互助、误会、一次争执、一次发现、特殊节日恶作剧、生日会等。

例 今天早晨的事情，让我们明白了卡隆的为人。刚进教室，便看见有三四个孩子在欺负克洛西，他们用尺子捅他，把栗子壳扔到他脸上，还嘲笑他是个残废的怪物。

克洛西一个人缩在角落里，很可怜地看着那些家伙。可是，越是这样，他们越是欺负他。克洛西终于被激怒了，脸色涨红，身体也颤抖起来。

这时，弗兰谛跳到桌子上，装出克洛西母亲挑担卖菜的样子。很多人"哄"的一声大笑起来。克洛西再也忍不住了，就顺手抓起墨水瓶，对准他的头使劲地扔过去，谁知弗兰谛一低头，墨水瓶恰巧打在了从门口走进来的老师的身上。大家急忙逃回自己的座位，不敢作声。老师脸色发青，走到讲台上，生气地问道："是谁干的？"但是，没人回答。老师又严厉地问了一句："是谁干的？"这时，卡隆一下子站了起来，坚决地说："是我！"

老师看了卡隆一眼，又看了看发呆的学生们，平静地说："不是你！"接着又说："扔墨水瓶的人请站起来，我不会惩罚你的！"

这时，克洛西慢慢地站了起来，边哭边说："他们几个欺负我、打我，还讽刺我的母亲。所以……"

"坐下！"老师说，"欺负克洛西的人，站起来！"

那四个同学低着头，站了起来。

老师走到卡隆旁边，托起他的头，注视着他的眼睛，说道："你是个好孩子！"

卡隆低声向老师说了几句话，应该是为做了坏事的那几个家伙求情的话。于是，老师对那四个学生说道："我原谅你们，相信你们一定会改！"

——《爱的教育》

校园活动：比赛、校园活动、特殊活动（植树、英语角、电影欣赏课）等。

例 今天下午，我们三年级部举行了一次热闹的"拔河比赛"。同学们纷纷停止了在操场上的玩耍、嬉戏，都到看台上给自己班的同学加油去了。

我们班参赛的同学都是经过精挑细选的，高大强壮的。我们充满了必胜的信心！

我们班和一班的比赛开始了，没想到一班的同学劲真大！红绳一点一点地向他们班那边移过去，我真想冲上去帮我们班拉一把！可那是不可能的呀！我在看台上咬着牙，攥着拳，跳着喊："加油！加油！"牙都快要咬碎了。我真希望能把我的力量像动画片里一样传输给他们呀！就在这时，奇迹发生了！红线一点一点地向我们班移来。我真的把力量传输给他们了？有趣的镜头出现了！一班里有个小胖墩，他在绳尾，当红线向我们班移来时，他一屁股坐在地上，大概想像个大铁锚一样定住吧！可是，他这只锚太轻了，无法抵挡我们班的精兵强将，把他也拖到我们这边来了！唉，有个胖墩也没用啊！"我们赢了！"我们班的同学都欢呼起来！这会儿我才发现，我的嗓子哑了，胳膊也酸了。一班的同学很不服气。不服气？以后再比呀！再说，友谊第一，比赛第二，失败乃成功之母嘛！

第二步：怎样写

写校园里发生的故事，当然离不开"故事"二字啦！如何写好叙事类作文呢？叙事就是叙述事情，我们必须在叙事时把事情的来龙去脉交代清楚。事情的来龙去脉是指事情发生的时间、地点、人物，事情的起因、经过和结果，这也就是事情的"六要素"。

例 记得学《岳阳楼记》的时候，同学A突然指着课本上的"刻唐贤今人诗赋于其上"一句中的"诗赋"二字问我："这两个字怎么念？"我一时不防，脱口而出："'诗赋'啊！"A马上答道："哎，徒弟！"我才知上当。当下我苦思片刻，已有了报复之法，我问："那你说这两个字怎么

念？"A说："我不认识。"我早知有此一答，于是笑着说："你也太不像话了！你连'师傅'都不认识了！"整个教室充满了欢声笑语。

这则小笑话讲述的是发生在校园的一件趣事，小虽小，"六要素"可是一个都不少。时间为"学《岳阳楼记》的时候"，地点为"教室"，人物为"我"和"同学A"，起因是淘气鬼A同学捉弄我喊他"师傅"，经过为我苦思之后的胜利回击，结果为班里的欢声笑语。

本课习作

在校园，我们与和蔼可亲的老师朝夕相处；我们与调皮淘气的同学一起成长；我们共同搭建着丰富多彩的校园故事。

请以"校园生活"为话题写一篇不少于300字的文章，题目自拟。

写作锦囊

【按图索骥】

角度	校园
地点	教室内、操场上、阅览室、实验室、食堂、舞台……
时间	课堂上、放学时、活动课、早读课前、课间……
人	同学、老师、学校职工……
物	书、奖状、乐器、体育器材……
感受	开心、悲伤、成长、懂得了……

【日积月累】

1. 生机盎然：指充满生机和活力的，形容生命力旺盛的样子。

2. 书声琅琅：形容读书声音清脆而响亮。

3. 生龙活虎：形容活泼矫健、生气勃勃。

4. 如饥似渴：形容要求很迫切，好像饿了急着要吃饭，渴了急着要喝水一样。

5. 抑扬顿挫：指声音高低曲折，十分和谐，多用以形容悦耳的声音。

【 妙笔生花 】

1. 小飞坐在座位上，埋头只顾写呀写呀，笔底下好像有源源不断的泉水涌流出来，用不到一节课的时间一篇作文竟全写好了。

2. 近了，更近了，组长终于来到他的身边，像一座泰山定在他面前，嚷道："快交作业，快交作业！"他"嘿嘿"一笑，表情是那样滑稽，又是那样神秘，猛然，他把头一扎，像一条滑溜溜的泥鳅从组长胳膊旁闪过，脚底像抹了油一样飞奔逃走了。

3. 宝剑锋从磨砺出，梅花香自苦寒来。——《警世贤文·勤奋篇》

4. 海内存知己，天涯若比邻。——王勃

5. 春蚕到死丝方尽，蜡炬成灰泪始干。——李商隐

范文赏析

长了翅膀的作业本

［中国台湾］阿岚

朵朵是班里个子最小的女孩，她很害羞，一紧张就要吮手指。她很不自信，成绩也是中不溜秋的，总是在前十名外徘徊。

谁知，这次语文期中考试，朵朵竟然考了班级第一名，年级第二名！

朵朵理所当然地成了班里最令人瞩目的学习明星。老师开始挖掘朵朵语文成绩突飞猛进的缘由——朵朵特别爱看课外书，连课间休息也捧着书！朵朵被老师夸得不好意思了，而同学们也向她投来羡慕、敬佩的目光。

素素和朵朵既是同班同学，又是住在同一栋楼里的邻居。素素和朵朵一样，也是个很害羞、很普通的女孩。学习成绩也和朵朵差不多，这次因为朵朵的出色发挥，她俩的班级排名第一次没有紧挨着。

"素素，"朵朵走到坐在第一排的素素的课桌前，"你帮我交一下作业，我去上个厕所。"

朵朵从厕所回来时，班主任李老师已经到教室了，素素走过来怯怯地对朵朵说："朵朵，我没找到你的作业本，你自己再找找吧。"

天啊！不交作业是老师最痛恨的行为啊。朵朵的泪水唰地流了下来。

"朵朵，你的作业本呢？"李老师抬头望着朵朵，"不能因为考试考得好而骄傲啊，明天不要忘了带来。"

回家后，朵朵找了半天也没找到失踪的作业本。妈妈给她买了新本子，她乖乖地把前一天的作业再做了一遍，然后放进书包的第一层。她想，这回不能再搞丢了。

第二天早上，到了学校，朵朵上好厕所回来，打开书包拿作业本。咦，见鬼了，明明昨晚写完就放进书包里的呀，怎么又不见了呢？这时，李老师数完交到讲台上的作业本，看着朵朵。朵朵吓得不敢抬头。"朵朵你也太经不起表扬了吧？"李老师的语气明显比昨天严厉得多，"如果再有第三次，我会打电话给你妈妈的！"

一连两天作业本失踪，让朵朵烦恼透了。妈妈很生气，怪她没有脑子，丢三落四，连个作业本都看不住。朵朵自知理亏，任凭妈妈数落。她心里想着，明天早上一定要把本子紧紧地捧在胸前，带到学校。

早上，朵朵背好书包，把作业本牢牢抱紧，生怕它飞走似的。一路跑去学校，她不时看看胸前的作业本，心想：今天千万不能再弄丢了。

进了教室，朵朵来不及放下书包，就来到讲台前，把作业本放在一叠本子上。她舒了一口气，朝坐在第一排的素素笑了笑，好像在说："今天

应该没问题了！"她放心地去上厕所了。

过了一会儿，李老师开始数作业本。朵朵几天来头一次轻松地看着数作业本的老师。

"朵朵！你这人怎么回事？"李老师的一声怒吼，着实把朵朵吓了一跳！

"我……我……我已……经交了。"

"哪里有？"李老师的目光可怕极了，"你以为你难得考了个第一名就可以这样吗？"

"我……我真的交了。"朵朵的眼泪在眼眶里打转。

教室里鸦雀无声。同学们默默地注视着这一切，朵朵太让大家失望了，不就是考了一次第一名嘛，连作业也不做了？

"老……老师，"这时，朵朵的好朋友素素站起来，低着头，哽咽着说，"老师，朵朵真的交了作业本，我看到的。"

李老师和同学们把目光投向素素。朵朵止住了哭泣，心里从没这么感动过。尤其在现在这样令她难堪的时刻，和她一样胆小的素素竟然敢站出来为她说话。

朵朵擦擦眼泪，此时此刻，她觉得素素是她最亲最亲的人，是她最值得信赖和依靠的人。

这件事之后，朵朵每天都黏着素素，一起吃午饭，一起回家，连上厕所，都是两个人手拉着手。作业失踪事件让朵朵失去了老师和大多数同学的信任，可是却得到了好朋友素素最宝贵的友情。而作业本从这天起，也不再莫名其妙地失踪了。朵朵终于松了一口气。

有一天中午，素素突然告诉朵朵，下个星期，他们全家将去加拿大的温哥华定居了。朵朵想到要与素素分别了，心里莫名地多了几丝恐惧。素素也舍不得离开朵朵。她说，她害怕在满是金发碧眼的外国没有朋友。但是，最终，素素还是在朵朵的眼前消失了。

一个月后，朵朵收到一个塑料袋封着的小包裹，落款是一连串英文字母。打开一看，正是朵朵以前丢失的三本作业本。朵朵紧张得透不过气

来，作业本里飘出一张纸条，那字迹是朵朵最眼熟的：

"因为嫉妒，作业本长了翅膀飞走了；现在，因为歉疚，它们又飞回你身边。相信你一定还会再考第一名的！"

朵朵拿着纸条，愣愣地站着……

【赏 析】

文本选材为发生在同学之间的小故事，通过得第一、心生嫉妒、作业丢失、出手相助、寄作业等环节，展现了一对好朋友之间微妙的情感变化。故事的叙述清晰完整且一波三折，结尾处留有悬念，耐人寻味。

拓展阅读

高徒背后的恩师

每个人的成长与成材都离不开家庭的教育，更离不开老师的指导，但常有徒弟名噪天下，师傅却鲜有人知的情况。今天，就为大家盘点几位高徒背后的恩师们。

No.1 计然 门下弟子：范蠡（lí）

提起此人可能诸位都瞪圆了眼睛，可如果提到他的徒弟范蠡，大家定会恍然大悟："噢……"据说计然长相平平，看上去还有点儿呆笨，但自小好学，博览群书，对治理国家的策略极有研究。可是他酷爱游山玩水，从不向诸侯自荐，因此天下人不知道他的才华。计然曾经南游到越国，偶然和大夫范蠡相遇，范蠡佩服他的才华，拜他为师。计然教授范蠡"七招计谋"，后来范蠡辅佐越王勾践，只用了其中五招便帮助越王勾践消灭了吴王夫差，一雪会稽之耻。范蠡还想将他推荐给越王，但他却对范蠡说：越王为人，长颈鸟喙，可与共患难，不可与共荣乐。果然，越王实现霸业之后，要铲除功高之臣，这时候范蠡想起老师说过的话，便离开越王，隐居经商致富，使得后代许多生意人供奉他的塑像，称之为"财神"。

No.2　韦罗基奥　门下弟子：达·芬奇

说到达·芬奇，相信所有人都不陌生，特别是他那吸粉儿力极强的代表作《蒙娜丽莎》，更被认为是法国卢浮宫的镇馆之宝，吸引了世界各地的粉丝前来瞻仰。达·芬奇一生涉及的领域很多，但最重要的成就还是在作画方面，这与他的老师韦罗基奥关系重大。韦罗基奥是当时著名的画家和雕塑家，达·芬奇拜师后的第一堂课就开启了画鸡蛋之旅，一天一天过去，小·达芬奇的心情也是经历了过山车似的转变，好奇—迷惑—烦躁……，终于，达·芬奇鼓足勇气："为什么还要画鸡蛋？"老师见火候已到，摸着他的头说出了对他影响一生的话："天下没有绝对一样的鸡蛋。"受到启发的达·芬奇对着一个鸡蛋通过不同的角度、光线又画了三年，练就了他的绘画基本功。

No.3　鲍勃·鲍曼　门下弟子：菲尔普斯

泳坛的常胜将军"菲鱼"在里约奥运会宣布退役的消息，让每一位泳迷都伤心欲绝。一人独得奥运会23枚金牌的辉煌成绩恐怕将永远不会有人能够超越，而在感慨巨星远去的同时，我们更需要记住被菲鱼称为"训练疯子"的鲍勃·鲍曼——菲尔普斯的一生唯一的教练，从发现那个本是矮小、瘦得皮包骨头的小孩到为他制订了长达十六年的详细训练计划，作为陪伴"菲鱼"16年的伯乐，正是将他从一个喜欢游泳的天才少年，雕琢成拥有23枚奥运金牌的超级巨星。

第 19 讲 色彩系列

知识背景

赤橙黄绿青蓝紫，各种各样的色彩构成了一个五彩斑斓的美丽世界。在一些优美的文学作品中，作者往往有几笔精妙的色彩描写，使客观事物色彩纷呈，并可因情着色，借色言志，使文章呈艳增辉，从而达到烘托气氛、表露情感、塑造人物形象的效果，如朱自清的《春》《背影》，冰心的《小橘灯》等。

关于描写色彩的作文在中小学教材中十分常见：人教版三年级上册教材第三单元作文《秋天的景色》，苏教版三年级上册教材第一单元作文《假如我有一朵七色花》等。

重点难点

1. 了解色彩情感的认知和运用色彩来表达情感。
2. 让学生感知色彩在生活环境中的运用，培养多元的思维和审美的眼睛。

著作推荐

1. 篇目推荐：《黄昏海的故事》《红玫瑰旅馆的客人》，安房直子。
2. 影视推荐：《头脑特工队》，2015。

课前阅读

有一天，五颜六色争吵了起来，每一个颜色都声称自己是最好的。绿色说："很明显嘛！我是最重要的。我是生命和希望的象征。青草、大树和叶子都选择我，只要往乡野望去，我就是主角。"蓝色打断他的话说："你只想到地面，看看天空和海洋吧！水是生命之源，而天空包容大地、宁静而祥和。一旦失去我，你们就什么也不是了。"黄色暗自好笑道："太阳是黄色的，月亮是黄色的，每当你看到向日葵，整个世界也跟着喜笑颜开。没有了我，也就没有了乐趣。"橙色接着说："我是最重要的维生素，想想胡萝卜、橘子和芒果。而且每当日出日落时，我就布满天空，我的美丽令人惊艳，根本不会有人想到你们。"红色再也按捺不住，他大声地说："我是你们的主宰，我是血！生命之血！我将热情注入血液，我是热情和爱情的颜色。"

读过上面的这段文字，你认为哪一种颜色才是最好的呢？想必大家心中一定都有自己喜欢的颜色。那么就让我们来看看怎么来具体描写这些颜色吧！

技法展示

我生活在一个充满色彩的奇幻世界里。在这个世界中，人们要做的每一件事情都要用色彩来表现。比如人们居住的房子是紫色的，出门坐的车是黄色的，花的钱是红色的……有一天，这个色彩世界开始发生变化了。

你见过灰色笼罩下的世界是什么样子的吗？
你想生活在这样一个世界中吗？

例 灰色的世界：随着工业水平的不断发展和人口的不断增长，原本多姿多彩的生活场所变得颜色单一而灰暗。近处，汽车排放的尾气覆盖了原本

整洁干净的街道，灰蒙蒙的一片，行人不由自主地用手捂住嘴艰难地前行。远处，工厂的烟囱不断地向蓝色的天空排放废气，团团废气像一个个灰色的大怪物一样充斥了整个天空。世界被灰色覆盖了，植物们艰难地呼吸着空气中残存的氧气，鱼儿们也纷纷潜入水底，去寻找新的适合自己生存的家园。

原本充满色彩的世界变成了单一的灰色，但人们还没有意识到问题的严重性，世界的颜色再一次变了……

你见过大风扬起地上的沙土形成的沙尘暴吗？
那是一个什么样的世界呢？
你观察过路人行走时的动作吗？

例 黄色的世界：多天的大气污染使植物们再也撑不住了，它们一个个倒在了自己的阵地之上。清早起来，我看到外面的世界黄澄澄一片，好奇心驱使着我穿好衣服走出门去看看：狂风卷着地上的尘土，黄色的风沙像一个个小精灵漫天飞舞。路上的行人穿着厚厚的风衣，带着厚厚的口罩，但这样也不能阻止这些小精灵们扑向他们的衣服，最终把他们也染成沙土般的黄色。行人们加快了脚下的步伐，像躲避灾难一样，迅速消失在我的视线之中。

在风沙的肆虐下，原本灰色的世界瞬间又变成了黄色。此时的人们终于意识到问题的严重性了，他们开始商讨解决环境污染的办法，于是世界又一次变色了……

你感受过红色的世界吗？
你心中的红色世界是什么样的呢？

例 红色的世界：马路上，人们用步行代替了汽车，尾气的排放日益减少，取而代之的是人们在路上聊天时的欢声笑语；郊外，远处的工厂也改进了技术，原先的烟囱被红色的过滤器所取代，再也不向空中吐出滚滚的浓烟了；超市里，人们纷纷用带有红心的购物袋取代了塑料袋，一颗颗鲜红的桃心感染了一个又一个顾客；野外，热心的人们开始三五成群地栽培新的小树苗，

并定期浇灌，小树苗在人们的悉心照顾下逐渐茁壮成长起来。整个世界浸润在一片红色的海洋之中，人们对未来多彩的世界充满了希望。

经过人们改造的世界没过多久便明亮起来，动物和植物纷纷恢复了往日的生机，这一次，世界终于朝着令人满意的颜色改变了……

当一切都被植物覆盖之后，这样的世界是一个什么颜色的世界呢？

例 绿色的世界：在人们细心的照料下，参天的树木拔地而起，一颗颗大树手挽着手，用它们那繁密的树叶遮住城市中的高楼大厦。小草也偷偷地从泥土里探出头，大口大口地呼吸着新鲜的空气。爬山虎们也不甘示弱，它们攀上了附近的建筑物，为它们披上一件件绿色的外衣。果园里，葡萄藤在架子上慵懒地晒着太阳，好像在期待着葡萄成熟的那一刻。远处的苹果树上早已挂上了鲜嫩绿色的果实，等待着人们的收获。

本课习作

你眼中的四季是什么颜色的呢？请选择一个你最喜欢的季节，赋予它色彩，写一段不少于200字的片段。

写作锦囊

【按图索骥】

冬天也是彩色的	
花园中	万年青和松树的叶子依然是绿色的，冬天是绿色的
马路上	伟岸的树干依然挺拔，冬天是棕色的
市场里	碧绿的大西瓜、紫红的葡萄、鲜红的草莓应有尽有，冬天是彩色的

【日积月累】

1. 五光十色：形容色彩鲜艳，花样繁多。
2. 一碧万顷：形容青绿无边无际。
3. 花红柳绿：红红的花，绿绿的柳条。形容颜色鲜艳纷繁。
4. 万紫千红：形容百花齐放，色彩艳丽。也比喻事物丰富多彩。
5. 红装素裹：形容雪过天晴，红日和白雪交相辉映的美丽景色。

范文赏析

从情景设置中我们了解到了色彩在我们生活中的重要性。下面请大家欣赏一篇学生优秀作品，看看"理想"都有哪些绚丽的颜色。

理想的色彩

理想是白色的，纯洁无瑕的白色。童年时的理想是一张白的画纸，等待着我们将梦想洒在它的身上。当你铺开一张画纸的时候，就给它染上绚丽的色彩！

理想是红色的，热情如火的红色。少年时的我们带着萌动的理想和激情，在教室中沐浴着老师传授的知识。当我们的热血开始沸腾的时候，理想红得像炽热的火！

理想是蓝色的，热忱和努力的蓝色。青年时的我们怀揣着自己的梦想为事业打拼。当青春的脚步在绿色的田野上奔跑的时候，它蓝得像深深的潭水！

理想是黄色的，果实累累的黄色。中年时的我们乘着顺风的快车即将到达理想的终点。当成功的希望在向你招手的时候，它黄得像灿灿的硕果！

理想是紫色的，晚霞般的紫色。晚年时的我们犹如夕阳落下时远方天空中的一抹紫霞。当它用余晖映照着大地的时候，我们便会发现理想的伟大之处。当千万颗种子洒落在每一个角落的时候，我们便会发现自己存在的意义！

【赏 析】

作者在文中将理想化作了白、红、蓝、黄、紫五种颜色，分别象征着人们在童年、少年、青年、中年、晚年五个阶段的理想。作者将色彩和理想紧密结合，充分地表现出了理想在人一生中存在的价值。

拓展阅读

动物们的保护色

本节课我们学习了色彩的写作方法，让我们再来看看能够变换色彩的动物们吧！

很多动物皮肤、羽毛或毛皮的颜色，常常与它们所居住的环境相近，甚至惊人地相似。动物学上称它为"保护色"，动物们靠它可以保护自己不受敌人的伤害。

例如北极狐和山野兔，严寒的冬天它们一身雪白毛色，在雪地上奔来跑去很难被发现，到了夏天，毛就变成了灰色，与植物和岩石的颜色保持一致；鹌鹑背上的羽毛是棕褐色的，并有些白色条纹，隐蔽在灌木丛中可以迷惑敌人，保护自己；斑马身上的图案很清晰，这也是它们保护自己的方式，因为在薄雾弥漫的炎热的非洲草原上，从远处看去，斑马的形状很模糊，条纹使它们很难被发现。

在北极地区，有一种雷鸟，它们在一年之内能三次变换羽毛的颜色，这在动物界是非常罕见的现象。雷鸟居住在北极附近的冻原地带和森林草原。

它们喜欢吃苔藓或植物的嫩芽和细根，冬天在积雪层下面穿行，寻找被大雪埋压的食物。冬季大雪纷飞，四处皆白，此时雷鸟的羽毛是白色的，与雪原难以分辨；春天来临，冰雪逐渐融化，大地表面露出一块块斑驳的黑土，被冰雪埋没的枯枝烂叶也显露出来，此时雷鸟换上了褐色的羽衣，与湿土、烂叶的颜色相似；北极夏天极短，转瞬来到秋天，地表植物枯黄，大地又变成灰蒙蒙一片，这时候雷鸟的背部羽毛也换成了灰色，与大地浑然一体。这样一年三色的变换，使得雷鸟避开了很多天敌的进攻，为这一族群的繁衍提供了强大的保障。看了上面的介绍，你们是不是对神奇的大自然充满了好奇呢？

还有哪些动物可以通过变换体色来躲避敌害呢？快快拿出你的百科全书看一看吧！

第 20 讲　故事新编

知识背景

　　同学们从小时候起，一定从父母和老师那儿，听到过许多故事了，比如神奇的童话故事，充满哲理的寓言故事，或者有趣的历史故事。那听了这些故事以后，你能不能发挥想象，增加新的情节、新的人物，重新讲给我们听呢？"故事新编"是小学阶段重要的写作能力，人教三年级下册第八单元"神话、传说故事会"要求大家讲故事，而人教四年级上册第三单元"写童话、讲童话、演童话"要求大家创作并演绎故事，其实都需要"故事新编"的能力，本课就是为了锻炼并提升同学们发挥想象、新编故事的能力。

重点难点

1. 理解"故事新编"的概念，掌握具体的改编角度和技巧。
2. 按要求改编一篇童话或寓言故事。

著作推荐

1. 书目推荐：《伊索寓言》，人民文学出版社，2015；《安徒生童话》，天津人民出版社，2014。
2. 影视推荐：《白雪公主》《仙履奇缘》，迪士尼动画片。

课前阅读

　　鸭妈妈有十几个鸭宝宝，其中一只小鸭子长得特别丑。鸭妈妈每天见了它都会被吓到。驴子嘲笑它丑，野猪也嘲笑它丑，就连写这个故事的人都嘲笑它丑。丑小鸭不想活了，它想自杀……碰巧这时有一只老山羊路过，它告诉丑小鸭，它其实是天鹅的孩子，所以才跟其他小鸭子长得不一样，它是与众不同的。于是丑小鸭重新燃起了生活的希望，发誓一定要坚强地活下去。

　　第二年春天到了，小鸭子们都长大了，它们都可以下河游泳了。那丑小鸭呢？它应该变成一只美丽的白天鹅了飞走了吧！可是，它并没有飞起来，因为它其实是一只公鸡。

　　《丑小鸭》的故事相信大家一定都听过吧，但是上面这只变成小公鸡的"丑小鸭"又好像不是你认识的那只"丑小鸭"。为什么这个"丑小鸭"是这样的结局呢？其实，这只是编者心中的"丑小鸭"的故事。我们每个人心中都会有自己的童话故事，在你的心中又藏了哪些童话故事呢？赶快拿出来和大家分享一下吧！

技法展示

　　在很远很远的地方，有这样一个神奇的王国，王国里住着你读过的所有童话故事、寓言故事或者动画片中的人物。但是在这个王国中经常会有很多反常的事发生：灰姑娘拥有一根神奇的魔法棒，能够变出她想要的任何东西；小老鼠杰瑞和汤姆猫可以友好相处，坐在一起吃大餐；丑小鸭成了受人追捧的明星，它的外貌缺点都变成了人们竞相模仿的优点……

　　下面就由我带大家一起去那个神奇的王国转转吧！

1. 龟兔赛跑

例 这里真是一个美丽的地方！到处都是绿草和鲜花，看到这样美丽的景色，我深深地陶醉在其中，脚不听使唤地四处溜达。走着走着，我来到了一片开满鲜花的树林里，正当我欣赏四周的美景时，发现不远处有一只满脸焦急、气喘吁吁的兔子搀扶着一只受伤的小松鼠一步一拐地向前走着。出于好奇，我赶紧跑过去跟上它们，问道："发生了什么事？需要帮忙吗？"兔子看到我好像看到了救星一样，连忙跟我说："太好了，能麻烦你把松鼠送到前面不远处的动物医院吗？它不小心从树上掉下来了，摔伤了膝盖。我得赶紧去参加和乌龟的比赛了！"我连忙答应兔子的请求，刚从兔子手中接过松鼠，兔子便一溜烟地跑了。将松鼠送到医院后，我赶紧跑出来想看看比赛的情况，我朝着兔子走的方向一路小跑，远远看到有很多动物聚在一起，走近一看，一个大横幅上写着"兔子与乌龟跑步大赛"，乌龟站在终点手捧鲜花，满脸笑容地接受其他小动物的祝贺，而可怜的兔子孤单地站在另一个角落沮丧地低着头。原来兔子不是因为贪睡而输掉了比赛呀！

我继续往前走，想看看还有什么故事和我从前知道的不一样。我好奇地四处张望。咦？那边大树下的那个人怎么穿着古代人的衣服呢？赶快过去看看，说不定又会有什么新发现！

2. 守株待兔

例 在一棵粗壮的大树下，一个穿着粗衣麻布的年轻人悠闲地靠着大树躺着。他手里拿着一个用木头做成的好像捕鼠器一样的东西，眯缝着眼睛盯着身边的草地。我顺着他的视线看去……啊，原来草地里趴着一只小兔子！小兔子只是自顾自地吃草，根本没有发现危险正在向它靠近。小兔子刚一靠近年轻人，他就以闪电一样的速度用他手里的工具夹住了小兔子的耳朵，小兔子见挣扎无用，只好束手就擒。年轻人则美滋滋地拎着自己的

收获回家了。哦！原来古人是用自己的聪明智慧来"守株待兔"的呀！

　　我回味着刚才"守株待兔"的事情不知不觉就走到了丛林深处，这里的大树多且茂密，我感觉自己好像迷路了，找不到方向。

3.　狐假虎威

例　我迷迷糊糊地向周围张望，发现不远处好像有一只老虎！它好像很生气地在对着什么东西说话，这让我既害怕又好奇。我小心翼翼地挪动着脚步向它靠近，它对面竟然还站了一只狐狸。我仔细地听着它们的对话，只听老虎生气地说："上次我一时疏忽被你骗了！让你借着我的威力，威风了那么久。这次你可逃不了了，我要吃掉你！"只见狐狸不慌不忙地说："哼！我可不怕，我已经有了新的靠山，它比你强壮很多呢！"老虎用难以相信的口气说："怎么可能？你快带我去找它，我要跟它比试比试！"说着狐狸就带着老虎走了。我悄悄跟在它们身后。一会儿，它们来到了一条小河边，狐狸指着老虎倒映在河水里的影子说："你看，我的这位朋友是不是比你还要强壮？"老虎看了看自己在河里的影子，很生气，起身跳进河里和自己的影子打起架来，可是还没扑腾两下，就沉进了水里。再看狐狸，正站在河边狡猾地笑呢！

　　难道这里的老虎和狐狸就是"狐假虎威"中的那两位吗？这个神奇国度中的故事真的让我耳目一新啊，相信你也一定有同感吧！看了这么多新奇的故事，聪明的你想不想也写一个给大家看一看呢？那就赶快动手吧！

本课习作

　　看了这么多的"故事新编"，相信你一定也有了很多有趣的想法吧！那么就发挥你丰富的想象力，来改编一下你知道的童话或者寓言故事吧！（例如《灰姑娘》《卖火柴的小女孩》）字数不少于300字。

写作锦囊

【日积月累】

1. 灵机一动：形容灵敏机智，突然想出办法或主意。

2. 小心翼翼：形容谨慎小心，一点不敢疏忽。

3. 别出心裁：指想出的办法与众不同。

4. 一举成名：指一下子就出了名。

5. 耳目一新：听到的、看到的跟以前完全不同，使人感到新鲜。

【妙笔生花】

1. 狐狸和乌鸦的故事新编：狐狸收到乌鸦的请帖后，心里很是怀疑，它想："我上次骗了乌鸦的肉，这次它一定想报复我，我不能去。可是，如果乌鸦是真心要请我做客，那我不就错过了一顿美餐？到底是去还是不去呢？唉，算了，还是去看看吧，不过我得小心点。"它拿着请帖向乌鸦家走去。

2. 小红帽的故事新编：小红帽和猎人轻手轻脚地走到小屋下，透过窗户看到里面的大灰狼正在吃东西，还不时伸出舌头舔一下嘴。猎人拿起猎枪瞄准大灰狼。这时门开了，外婆站在门口，看到猎人正瞄准大灰狼，连忙阻止他，说："不要开枪，它是我的朋友。"原来这只大灰狼小的时候受过伤，倒在外婆的家门口，被外婆救了。后来它常常跑来帮外婆的忙，外婆也常常请它来家里做客。

范文赏析

明星丑小鸭

在这个神奇的王国里，丑小鸭依旧身体瘦小，嘴巴歪斜，而且走起路来十分难看，不少鸭子嘲笑它。

丑小鸭虽然很丑，但是很聪明。它根据自己身小体轻的特点，选择学习飞翔。它先从平地起飞练起，从三米飞到十米，再飞到五十米、一百米。在平地练够了，它就飞到陡壁悬崖上去练习逆风飞翔。一次，它被一阵狂风吹到悬崖上，摔伤了翅膀，医生给它包扎后，要它好好休息一段时间。可它第二天就带着伤继续练习。经过艰苦的努力，它终于能在天空中翱翔了。

上帝总是眷恋懂得努力，又能抓住机会的人。丑小鸭的机会来了。鸭、鹅和鸟类动物要联合组织举办一场"白天鹅杯"飞翔大赛。经过激烈的角逐，丑小鸭脱颖而出，获得了大赛第一名，它兴奋地走上领奖台，高高举起了白天鹅奖杯。顿时，鲜花、掌声、欢呼声全都属于丑小鸭。

丑小鸭以实际行动实现了自己的梦想。它的光辉形象很快登上了各大报纸，特别是《天鹅晨报》，刊登了很多它的事迹。它一出门就有记者跟踪采访，众多粉丝围堵签名。在人们的眼里，它过去的缺点全都变成了优点，它的身材瘦小变成了精明强干，它的嘴巴歪斜变成了另类性格的表现，它的走路难看变成了新潮步伐的示范。丑小鸭每天都收到许多信，都是它的粉丝们写来的表达崇拜之情的信。

就这样，丑小鸭长期陶醉在获得成功和荣誉的喜悦之中，再也不像成名之前那样勤奋练习飞翔了，勤奋、上进的丑小鸭变得骄傲而懒惰。

有一天，丑小鸭随电影录制组到荒野拍摄《白天鹅》的一组外景。按照导演的安排，它必须从陡峭的悬崖上飞起，然后直飞蓝天。开拍的口令一出，它就从悬崖上展翅高飞。可飞着飞着，却从高空坠下，一直坠向深谷……

【赏 析】

这里的丑小鸭依然带有原来丑小鸭的外形特点，保持与被改编故事的"血缘关系"。作者没有选择让丑小鸭练习小鸭子都会的技能——游泳，而是选择让它发挥自己特有的天赋——飞翔。作者让丑小鸭成为了众人崇拜的明星，同时也告诉了我们一个道理：只要抓住机会并坚持不懈地努力，就一定能够取得成功，实现自己的梦想。丑小鸭被赞美和追捧声冲昏了头脑，变得骄傲而懒惰，导致了悲剧的发生。注意：故事新编虽然注重创新，但是一定要让大家能看出你写的故事源自哪里，不要将故事改编得面目全非。

拓展阅读

动物名片

相信看过童话寓言故事的你一定发现了一个现象：这些故事的主人公很多都是动物。那么，你对它们又了解多少呢？仔细思考过这些动物"明星"的特点吗？在漫游童话王国的时候，很多动物主人公给了我它们的名片。如果你对它们还不够了解，就跟我来一起看一看这些动物名片吧！

狐狸名片

姓名：狐狸　　　　　　　　　　外号：滑溜溜
性格：外向、开朗、能说会道　　爱好：思考
出演过的故事：《狐狸和葡萄》《狐狸与乌鸦》《山鹰与狐狸》
　　　　　　　《熊与狐狸》等

精彩瞬间：狐狸看着乌鸦嘴里的那块肉，垂涎三尺，眼珠一转说："亲爱的乌鸦，您的羽毛真漂亮，麻雀比起您来，简直差远了。您的嗓子真好，百灵鸟都比不上您，请您唱几句给我听吧？"乌鸦听了非常得意，说："爱听我唱歌的只有您狐狸先生，我现在就为您高歌一曲。"说着就高兴地唱了起来。刚一张嘴，肉就从嘴里掉了下去。狐狸叼起肉就钻到洞里去了，只留下乌鸦在那里"唱歌"。

大灰狼名片

姓名： 大灰狼　　　　　　　　　**外号：** 坏心肠
性格： 坏、贪婪、残暴　　　　　**爱好：** 欺负羊
出演过的故事：《狼和小羊》《狼与鹭鸶》《狼来了》等

精彩瞬间：大灰狼看到一只小羊在河边喝水，便想找一个名正言顺的借口吃掉它。于是它跑到河边，恶狠狠地对小羊说："你把河水搅浑浊了，我就喝不到清水了。"小羊回答说："我站在河边喝水，并且又在下游，根本不可能把上游的水搅浑。"大灰狼见此计不成，又说道："我父亲去年被你骂过。"小羊说："可那时我还没出生呢！"大灰狼气急败坏，对小羊说："不管你怎样辩解，反正我要吃掉你！"

狗名片

姓名： 狗　　　　　　　　　　　**外号：** 狗汪汪
性格： 忠诚、能干、勇敢　　　　**爱好：** 助人为乐
出演过的故事：《老猎狗》《贪婪的狗》《狗、公鸡和狐狸》
　　　　　　　　　等

精彩瞬间：在一次狩猎中，一条老猎狗遇到一头野猪，它勇敢地扑上去咬住野猪的耳朵。由于牙齿老化无力，不能牢牢地咬住，野猪逃跑了。主人跑过来后大失所望，痛骂了它一顿。年老的猎狗抬起头来说："主人啊！这

不能怪我，我的勇敢精神和年轻时是一样的，但我不能抗拒自然规律。从前我的行为受到了你的称赞，现在也不应受到你的责备。"

看完这些清晰的动物名片，你是否对这些动物有了更深的了解呢？我还有很多动物名片没能展示给你们，如果你们还没有看够，可以自己动笔为它们写写名片！由于每个人的性格都不是完全一样的，所以每种动物也不能一概而论。例如，我们可以在《山鹰与狐狸》中看到狐狸忠诚的一面，可以在《站在屋顶的小山羊与狼》中看到小山羊的愚蠢和狼的睿智，而《贪婪的狗》也将狗贪婪的一面展现在我们面前。

第 21 讲　童话主人公

知识背景

　　我们已经了解了安徒生童话、格林童话、王尔德童话等童话名篇，其中一定有很多经典的主人公形象深入人心，经典的故事情节令我们难忘。那么，当我们和这些主人公相遇时又会碰撞出怎样的火花呢？本课旨在以童话作品中的知名主人公为切入点，启发同学们结合生活实际，发挥想象，进行创作。

　　编写童话也是小学作文教学中的重要内容：人教版三年级上册第七单元习作"编写童话故事"，四年级上册第三单元习作"写童话"等都是和编写童话相关的习作。

重点难点

1. 学会分析经典童话主人公人物形象特点。
2. 通过情景设置，以"我与童话主人公相遇"为话题的写一篇想象作文。

著作推荐

1. 书目推荐：《十一个小红帽》，林世仁著，少年儿童出版社，2013。
2. 影视推荐：《疯狂动物城》，拜伦·霍华德、瑞奇·摩尔、杰拉德·布什导演，2016。

课前阅读

"每天过得都一样，偶尔会突发奇想，只要有了哆啦A梦，欢笑就无限延长，快乐时与我分享，难过时陪在身旁，掏掏它的神奇口袋就能把烦恼遗忘……"每次回到家，我都要抱着电视盯着那个小机器猫看上半天，边看边想：真想像大雄一样拥有这样一个神奇的伙伴。

有一天它竟然真的来到了我家！早上起来，睁开蒙眬的双眼，突然发现一只蓝色的长着六根胡须的怪物站在我的床边。哆啦A梦！我兴奋得都快要从床上蹦起来了！

"你来我家干什么？我家可不能养猫。"我试探性地跟它说话。

哆啦A梦说："我原来是在大雄家的。可是有一天，我得病死了。死了以后，我就来到了天宫，玉皇大帝想：怎么能让一只机器猫成仙。所以他又给了我一百天的阳寿，之后就一脚把我踢下凡间，正好落到你们家门口。我穿上隐身衣就进来了。"

哦，听完后我突然意识到我的梦想终于实现了，我要好好利用一下这一百天，去实现自己的每一个愿望……

读完这段文字后你是不是觉得很神奇？哆啦A梦如果来到你家会发生什么事情呢？你喜欢的卡通人物还有哪些呢？如果他们来到了现实社会中，又会发生哪些事情呢？

技法展示

我最近收到了朋友送我的一张梦幻公园的门票。听说这是一个神奇的公园，公园里有许多我们喜爱的卡通人物。我平常就非常喜欢看动画片和童话故事，可不能错过这个难得的机会。快和我一起去看看有哪些新发现吧！

1. 童话中的白雪公主温柔、美丽、大方，但你知道她还会做一手好菜吗？

例 走到小屋门口，白雪公主热情地欢迎我。她穿着蓝上衣、黄裙子，还真是和童话里的一模一样！"快进来坐吧，尝尝我的手艺！"白雪公主微笑着对我说。进到小屋内，我发现公主住的地方就是不一样！到处都是金银首饰，当然还有白雪公主最爱吃的苹果。我坐到了餐桌旁，闻到厨房里飘出来的香气，我顿时感觉肚子已经很饿了。不一会儿，饭菜就已经陆续地端上了桌子，我定睛一看，果真是喜爱苹果的人啊，拔丝苹果、沙拉苹果、苹果布丁、苹果派……我平生第一次见到如此多用苹果做成的美味，于是便大口地吃起来。

吃过白雪公主做的美食后，我顿时有了精神。去看一场话剧吧，看看还能发现哪些童话里的人物。剧场里面人山人海，人们互相谈论着："马小跳，马小跳要出场了！"

2. 自《演树医好了多动症》之后，马小跳就一举成名，各大剧院争相要求马小跳演一棵树……

例 正说着，马小跳出场了。这场演出依旧叫作《龟兔赛跑》，而我们的马小跳同学依然是那棵树。看，马小跳这次站在剧场中央一动不动。比赛开始了，小兔子跑了不一会儿就在马小跳的旁边卧倒休息了，只有小乌龟继续向前缓慢爬行。比赛的结果已经不重要了。人们把目光全部都集中在马小跳一个人身上。马小跳龇着牙，咧着嘴。快结束了，人们的眼睛睁得老大，剧场突然安静下来。"虚心使人进步，骄傲使人落后。"马小跳说出了最后一句话，台下爆发出雷鸣般的掌声。

身临其境地观看马小跳的表演简直是视觉上的一场盛宴啊！走了这么久，我感觉到有些累了，刚要按原路返回，突然间，我发现有一只黄色的猫在草坪上跑来跑去。咦？这不是《猫武士》中威猛无比的"火星"吗，怎么出现在这里了？我特别好奇，于是便走过去问个究竟。

3. 你读过的"火星"是什么样子的猫呢？当它来到现实生活中又会有哪些奇特的事情发生呢？

例 猫武士向我诉苦道，自从它当上部落的首领后，森林的火灾就不断发生。虽然经过雷族猫们的精心照顾，但树木的数量还是在逐年减少，直到有一天……

"'嗡嗡……'伴随着一阵阵轰鸣声，我被吵醒了。起来后，我环顾四周，发现周围多了很多大机器。'人类来了！'我不禁大叫。旁边的猫也被我吵醒了。当过宠物的我知道再也享受不了现在的生活了。随着一棵棵树的倒下，我们也不得不离开生活已久的领地。但这一次，大家都奔向了不同的地方，我也就失去了领导地位。来到大城市后，我无家可归，每天都去翻难闻的垃圾桶，从里面找些变质的食物吃。当我听说这里在招工，还包吃包住，就来了，现在成了供人们观赏的动物。还是逃脱不了你们的束缚啊！"

听完"火星"的悲惨遭遇，我不禁为人类所做的事情感到愤怒，决定回去后一定要写一篇文章呼吁人类保护生态环境。一天的梦幻公园之旅就这样结束了，我高兴地回到了自己的家中。

本课习作

一起回顾了这么多经典的故事，你觉得哪个主人公是你最熟悉的呢？你和它又会发生哪些故事呢？试着选择你最喜欢的主人公写一段不少于300字的童话故事。

✏️ 写作锦囊

【按图索骥】

"猴哥"进肯德基	
故事的起因	这时，我有点饿了，打算带猴哥去肯德基吃些美味
故事的经过	一进门，他就大声吆喝道："小二，来一壶酒！"这一吆喝不要紧，所有用餐的人都注意到了我们。我连忙用手捂住了猴哥的嘴巴，轻声告诉他这里要排队点餐
故事的结局	我不得不带着这只讨厌的猴子去找有酒有肉的地方吃饭了

【日积月累】

1. 瞠目结舌：瞠目，瞪着眼；结舌，说不出话来；形容窘困或惊呆的样子。

2. 怨声载道：怨恨的声音充满道路，形容大家普遍强烈不满。

3. 啼笑皆非：哭也不是，笑也不是，不知如何是好。形容处境尴尬或既令人难受又令人发笑的行为。

4. 气急败坏：上气不接下气，狼狈不堪。形容十分慌张或恼怒。

【妙笔生花】

1. 身穿金甲亮堂堂，头戴金冠光映映。手举金箍棒一根，足踏云鞋皆相称。一双怪眼似明星，两耳过肩查①又硬。挺挺身才变化多，声音响亮如钟磬。尖嘴龇牙弼马温，心高要做齐天圣。

2. 悟空撩衣上前，摸了一把，乃是一根铁柱子，约有斗来粗，二丈有余长。他尽力两手握过道："忒粗忒长些！再短细些方可用。"说毕，

---

①查：张开，分开的意思，出自《西游记（第四回）》，人民文学出版社。

那宝贝就短了几尺，细了一围。悟空又颠一颠道："再细些更好！"那宝贝真个又细了几分。悟空十分欢喜，拿出海藏看时，原来两头是两个金箍，中间乃一段乌铁；紧挨箍有镌成的一行字，唤做"如意金箍棒"，重一万三千五百斤。心中暗喜道："想必这宝贝如人意！"一边走，一边心思口念，手颠着道："再短细些更妙！"拿出外面，只有二丈长短，碗口粗细。

范文赏析

"猴哥"进肯德基（节选）

这时，我有点饿了，打算带猴哥去肯德基吃些美味。猴哥开心地说："这还是我第一次吃肯德基呢，我一定要吃好多好吃的！"猴哥迫不及待地走在前面，看到门口站着个老头，他大嚷："嘿！老头，快过来！陪我进去看看！"我告诉他那是个雕塑，他才半信半疑地跟着我进去。

一进门，他就大声吆喝道："小二，来一壶酒！"这一吆喝不要紧，所有用餐的人都注意到了我们。我连忙用手捂住了猴哥的嘴巴，轻声告诉他这里要排队点餐。"什么？竟敢让俺老孙受那个累？"猴哥气急败坏地大叫，"小二，你赶快过来，给俺老孙点餐！"这时候所有人都在议论：他们是在拍戏吗？看到人们诧异的眼光，我的脸立刻涨得比路边的红灯还红。为了不出更大的洋相，我只得先找到空位子，安慰猴哥，让他先安静地坐着，我去排队点餐。等点完餐，看着餐盘中的汉堡，猴哥大怒道："怎么不上酒和小菜？光上这没滋没味的鸡肉火烧，小心我要跟你们不客气了！"话音未落，猴哥的金箍棒已向服务员飞去。看到这一幕，店里所有的顾客、服务员都惊慌地飞快往外逃。

一眨眼的工夫，店里就只剩下我和猴哥了。此时的我哭笑不得，而猴哥却一脸无辜。我不得不带着这只讨厌的猴子去找有酒有肉的地方吃饭了。

【赏　析】

选文中作者将猴哥刻画得生动形象，将猴哥眼中的饭店同现实中的肯德基完美结合，让读者看到了穿越到现实生活中的孙悟空种种滑稽的表现，"金箍棒向服务员飞去"更是将猴哥的形象表现得淋漓尽致，吸引读者的眼球，引起读者的阅读兴趣。

拓展阅读

"卡通故事主人公"中的"反面"人物

我们在平时的生活中都喜欢"正面"形象的人物，因为他们代表着公平和正义，能够让我们对他们产生无限的喜爱和崇拜之情。但这些主人公形象是怎么树立起来的呢？对，正是借助了一些反面人物来衬托他们的"正面"形象的！那么，卡通故事中都有哪些受大家关注的"反面"人物呢？

《喜羊羊与灰太狼》中的灰太狼

戴一顶有补丁的帽子，围着黄色的围巾，脸上有一道长长的伤疤，还有一个叉叉形状的肚脐眼，残缺的左耳和一副残缺的牙齿。这样一个形象出现在大家面前，很难让大家想到它是一个好人物。的确，动画片中的灰太狼是一个专门抓小羊吃的大坏蛋，只不过它经常失手而已。但是，灰太狼在生活中却是一个好丈夫，对老婆红太狼关爱有加。即使被红太狼用平底锅狠狠地打了也从不会生气，还经常会对红太狼说"老婆，看我给你带了什么""老婆，别生气了，生气对皮肤不好"之类的话。

《猫和老鼠》中的汤姆猫

汤姆和杰瑞是大家熟悉的两个童话主人公，杰瑞因为长得弱小，所以一

受欺负就会博得大家的同情。每次汤姆猫遭受皮肉之苦时，大家都会捧腹大笑，认为这是它罪有应得。但是，故事中的汤姆猫有时也会以"正面"形象出现，比如它经常帮助自己的"宿敌"摆脱险境（比如溺水的时候），也会尽力保护比它弱小的人或动物（比如婴儿）等。

可见，再坏的人也有好的一面。回想一下之前看过的动画片，你是不是有些喜欢灰太狼和汤姆猫了呢？

第 22 讲　亲情故事

知识背景

　　我们常说"父爱如山，母爱似水"。亲情是最伟大的，不论我们开心还是痛苦，迷茫还是沮丧，亲情都能给我们力量。学会表达亲情是小学作文训练中的一项重要内容：人教版三年级下册第五单元习作《爸爸、妈妈对我的爱》，人教版五年级上册第六单元习作《父母的爱》，北师大版三年级下册第一单元习作《家庭小档案》，北师大版四年级下册第四单元习作《＿＿＿＿的手》都是和亲情相关的习作。掌握亲情类作文选材的分类是写此类作文的重点。

重点难点

1. 掌握亲情类作文选材的分类及每类选材的注意事项。
2. 按要求完成以"亲情"为主题的作文。

著作推荐

1. 篇目推荐：史铁生《秋天的怀念》、朱自清《背影》、贾平凹《关于父子》、肖复兴《荔枝》、胡适《我的母亲》。
2. 影视推荐：《七号房的礼物》，李焕庆导演。

课前阅读

我的家里有个人很酷，

三头六臂，刀枪不入，

他的手掌有一点粗，

牵着我学会了走路。

谢谢你光顾，我的小怪物，

你是我写过最美的情书。

钮扣住一个家的幸福，

爱着你呀风雨无阻。

老爸，老爸，我们去哪里呀？

有我在就天不怕地不怕。

宝贝，宝贝，我是你的大树，

一生陪你看日出。

　　这是《爸爸去哪儿》的主题曲，相信大家都不陌生。那个牵着我们走路的人，那个为我们遮风挡雨的人，正是我们的父亲母亲。你的父母有怎样的特点？你们之间发生过哪些有趣、感人的故事？

技法展示

一、选材分类：

　　亲情类作文从选材上我们可以分为四大类：父子（女）之情、母子（女）之情、兄弟（姐妹）之情、祖孙之情。

父子（女）之情：

例 我看见他戴着黑布小帽，穿着黑布大马褂，深青布棉袍，蹒跚地走到铁道边，慢慢探身下去，尚不大难。可是他穿过铁道，要爬上那边月台，就不容易了。他用两手攀着上面，两脚再向上缩；他肥胖的身子向左微倾，显出努力的样子。这时我看见他的背影，我的泪很快地流下来了。我赶紧拭干了泪，怕他看见，也怕别人看见。我再向外看时，他已抱了朱红的橘子往回走了。过铁道时，他先将橘子散放在地上，自己慢慢爬下，再抱起橘子走。

——朱自清《背影》

　　这是朱自清回忆自己离家求学，父亲送他上车时的情景。他质朴、平实的语言，描述了父亲为他买橘子时在月台爬上攀下时的背影。通过"探身""穿过铁道""爬上月台""攀""缩"等动词，我们就能深切体会到父亲对儿子的关怀和爱护。

母子（女）之情：

例 这时，穿着破烂的衣服，满身尘土的马尔可，被医生拉着一只手站在门槛边。

　　病人（马尔可的母亲）连声大叫："上帝！上帝！我的上帝啊！"

　　马尔可一下子扑倒在病人的怀里。两个人抱着大哭起来，哭着哭着，病人又倒在了枕头上。

　　但她马上清醒过来，她不停地亲吻着马尔可的额头，连声询问道："你是怎么来到这里的？真的是你吗？你都长这么大了！谁带你来的？一个人？没有生病吗？真的是你吗？啊，马尔可，这不是做梦吧？"

——《爱的教育·六千英里寻母》

　　故事中的马尔可是一个只有13岁的小男孩，他独自从意大利出发，横跨大西洋，去阿根廷寻找自己的母亲。由于语言不通、通信不便，他辗转了多个城市，最终在发着高烧的情况下爬到了母亲所在的城市。当母子见面之时，积蓄已久的母子之爱终于爆发出来，从"拥抱""亲吻"和"连声询问"等词我们可以看出母子相见时的激动之情。

兄弟（姐妹）之情：

例 哥哥在前面走着，我低着头慢慢地跟在他身后，他步子很大，我要小跑着才能跟上他。自从哥哥上大学以后，我都快一年没见过他了，感觉生疏了很多。我们谁都没开口说话，直到走到十字路口的时候，他才停下脚步，回头拉起我的手，看着他骨节分明的大手和我胖乎乎的小手交叠在一起，我很不厚道地笑了起来，他看了我一眼，皱着眉说："傻笑什么呢？鞋带开了都不知道。""你才……"傻字还没说出来，就见他蹲在我身前，帮我系起鞋带来，不知怎的，我突然感觉鼻子酸酸的，呢喃着："我哥哥回来了。"

——《我的哥哥》

作者通过叙述哥哥帮她系鞋带的小事，表现出了兄妹间的亲密之情，以及哥哥对她的无尽宠爱。

祖孙之情：

例 看着他呆滞的双眼和微弓的背，还有那蹒跚的脚步，心里真的很不是滋味。还记得在我很小的时候，是他耐心地教我识字背诗，是他用尽心思逗我开心，是他牵着我的手，每天送我去幼儿园……曾经那个给了我无数梦的雄伟身姿，如今却成了迟暮的老人。他会发脾气，他会说难听的话，他会无理取闹，可他还是一如既往地对我好，或许，在他的心底，我永远都是他最爱的小孙女儿，是那个永远长不大，依偎在他怀里的小女孩吧！

——《又是一年清明时》

作者通过回忆祖父生前对"我"的各种宠爱，表现出了祖父对她深深的爱，以及她对祖父的思念之情。

二、选材时注意事项：

1. 宜小不宜大

选材时尽量选取生活中的小事，如父亲不善表达，总是在我睡着后摸摸我的头，帮我把被子盖好；妈妈总是很唠叨，"过马路看着点儿车，注意安全，放学直接回家，别在外面玩"，每天早上都要说一遍，不厌其烦；哥哥总爱欺负我，什么都和我抢，但如果其他人欺负我的话，他就会为我打抱不平，并美其言曰"我弟弟只能我欺负"；奶奶总是特别宠我，每次有好吃的都舍不得吃，给她的小孙女留着，甚至是一块糖也要偷偷藏起来。

2. 宜新不宜俗

选材时注意尽量避免俗套情节，如雨中送伞，生病了爸爸背我去医院等。可以选自己亲身经历的事情，如有趣的生活片段，或者是令你感动的某一瞬间，这样写起来才会有真情实感。

本课习作

在我们的生活中，亲情无处不在，它是深沉的父爱，它是慈祥的母爱，它是手足之情，它是血脉之亲……快快拿起你的笔，让这些美好的回忆都定格在你的笔尖吧！请以"亲情"为话题，自拟题目，写一篇字数不少于300字文章。

✏️ 写作锦囊

〖按图索骥〗

亲情故事	
父子（女）之情	如：爸爸教我骑自行车；爸爸常常摸着我的头；爸爸让我一个人上学，自己在后面偷偷跟着
母子（女）之情	如：妈妈每天晚上睡前都会亲吻我的额头，和我道一声晚安；每天出门时妈妈都会叮嘱我一句"路上小心"
兄弟（姐妹）之情	如：每次惹祸，姐姐都会护着我；出去玩累了，哥哥总会背着我
祖孙之情	如：每次犯错误，爸爸要打我时，奶奶总会在前面拦着；家里有好吃的，奶奶总会留给我

〖日积月累〗

1. 同甘共苦：形容有福同享，有难同当。
2. 哭笑不得：形容面对荒唐的事情很无奈的心情。
3. 面面相觑：你看我，我看你，不知如何是好。
4. 其乐融融：形容氛围欢乐和睦。

〖妙笔生花〗

1. 俗话说："金窝银窝不如自己的草窝。"虽然我家的房子不像宫殿那样华美，虽然我家的床没有高级宾馆里的那么柔软舒服，虽然我家没有高级的机器服务员，甚至我家的小狗也没有什么高贵的血统，但是我家有世界上最疼爱我的爸爸妈妈，他们像呵护最珍贵的宝贝一样呵护并不是最优秀的我，和他们在一起我就觉得自己是最幸福的小公主。

2. 看到妈妈每天辛苦地在厨房里忙前忙后，然后像魔术师一样变出一道道好吃的菜肴，我也很想尝尝下厨的滋味，机会终于来了——妈妈出去参加同学聚会了！我欢呼一声："厨神现身！"冲进厨房，拉开冰箱，抱出一堆蔬菜，摩拳擦掌，打算和它们切磋一番。

范文赏析

父亲的手

自我有记忆以来，我对父亲一直有种天生的畏惧感。老实说，父亲并不高大，一米七的个头，略有些发福的腰，微微挺起的肚子，以及一副金丝边眼镜，怎么看怎么像个有学问的人，理应是温文尔雅的。可在我的心中，他却像个山野村夫一样，有些匪气。

尤其是他那双手，虽不似练武之人布满老茧，威力却很惊人。他的手，厚且大，指头极粗，张开五指，便像一块砖一样厚重。当他的砖一样的手掌向我挥来时，我顿时觉得我成了孙猴子，即将被"五指山"压得无翻身之日。

事实上，我也仅仅和父亲的手掌亲密接触过三次，第一次是手，第二次是脸，第三次是头。

记得我八岁那年，正值顽童岁月，也是任性的时候，那时我迷上一套漫画，数次开口索要不成后，我便铤而走险——偷。我大概偷了三十块钱，当时的我显然不够熟练——当然后来也没偷过，当我把手伸进父亲皮夹的一刹那，我忽然感觉身后鼻息直喷颈部，回头一看，一个黑脸大汉正铁着一张脸，集中剑眉，怒视着我。当天，当父亲的"砖头手"第一次用力地拍到我的手掌时，我还是不争气地哭了，因为太痛了！

从那时起，我对父亲的畏惧程度一天天加剧，心中也产生了一丝丝怨恨。在我十五岁那年逃课被抓后，父亲第二次打了我，当他厚重的大手甩到我的脸上时，终于，我下定了决心——等我长大了，绝不会任父亲打了！

十七岁时我的身高"拔地而起"，真有"势拔五岳掩赤城"之势，十七岁的我和父亲站在一起时，个子高他一头。

终于，在又一次犯了错后，父亲又扬起了他的手。我心想，若他挥下，我一定有挡住他手的力气。他扬起的大手上有一道深深的红色指甲印，我清楚地看到，那是在听老师训斥我时，父亲用他的大拇指，狠狠地插入了他的食指之中。父亲宽大的手掌，最终还是落下了，但这次力度似乎不大，只轻轻地抚摸了我的头，眼神复杂，不知那里包含了多少情感，有期待，有愤怒，也许还有失望。

我愕然了，我没有想到父亲会做出这样的举动，我曾经一次又一次地想过，当我有力气抓住他挥向我的手时，我会得意地笑，会张狂地笑，会毫不畏惧地和他相对视。但我没想到父亲只是用手抚了抚我的头，还留给我那样一个复杂的眼神。

父亲转身走了，留给我一个背影。父亲的背有些驼了，身子却更胖了，不知为何，我的眼眶有些湿润，想到父亲的手，那不仅仅是惩罚我的利器，更是温暖我的太阳啊！

回想起生活中的一个一个片段，想到每天早上六点就要起床准备早餐的父亲的手，想到每天晚上十一点要去学校自习室接我的开着车的父亲的手，想到帮我涂药的那双手，想到抚摸我头的那双我父亲的手。

我忽然对着父亲的背影大声喊："爸，我会努力的！"父亲身影猛然一顿。终于，他缓缓扬起了手，像太阳一样！

【赏 析】

开头简单描写了父亲的外貌特点，使父亲的形象跃然纸上。正文通过

回忆"我"与父亲手的三次亲密接触——第一次是手，第二次是脸，第三次是头，表现了父亲对"我"的教导与深深的爱。文章选材新颖，分别选取了"我"偷钱被抓、逃课被逮的情景，读起来让人耳目一新。结尾处用到排比句，写了父亲的手为我做的很多事，就像太阳一样，温暖无私，突出父亲的伟大形象。

拓展阅读

有袋动物

在今天的课上我们写了家庭中的温暖趣事，那么，在动物界说到温暖的亲子关系，你会想到谁呢？哈哈，是不是想到了袋鼠或者考拉什么的？它们身上都有个可以把小宝宝放在里面的育儿袋，这种动物统称"有袋动物"，现在我们就来了解一下这些独特有趣的有袋动物吧！

有袋动物是哺乳动物中一个古老的种群，在远古时期它们分布在世界的各个大陆上。但随着高等哺乳动物种族的壮大，有袋动物在生存竞争上逐渐处于劣势，慢慢地沦为各种凶猛的食肉动物的捕食对象，所以它们在亚洲、欧洲和非洲等大陆就相继绝迹了。而在高等食肉动物称霸地球之前，大洋洲就已经与其他大陆分离开来，形成一个独立的小块大陆，处于太平洋与印度洋之间。这里不仅没有食肉类的猛兽，气候环境等也与有袋动物所习惯的没有太大区别，因此大洋洲就成了这类古老动物的"世外桃源"。有袋动物幸运地在这个大洲生存了下来，而且逐渐进化出了各种类似于高等哺乳动物的种类，比如生活方式类似于狼、鼬等凶猛食肉类动物的袋狼、袋鼬、袋獾；生活方式类似于鹿、羊和羚羊等食草类动物的袋鼠；生活方式类似于旱獭、松鼠、野兔等啮齿类或兔类的袋熊、袋貂和袋兔等等。

现在世界上有袋动物一共有240多种，其中大概有170种生活在大洋洲上，其中澳大利亚最多，所以澳大利亚也被称为"有袋动物的王国"。这也是澳大利亚的骄傲，看看澳大利亚的国徽，上面还有一只袋鼠呢！而树袋熊，也就是考拉，它憨态可掬的模样迷倒了全世界人民，由于它只分布在澳大利亚，所以澳大利亚把它视为国宝，就像我们中国的大熊猫一样。有趣的有袋动物还有很多呢，快去翻一翻百科全书或者动一动鼠标，多了解几种吧！

第 23 讲　我爱我家

知识背景

　　以小见大是文学创作中的一种常用手法，如杜牧在《赤壁》中写到"折戟沉沙铁未销，自将磨洗认前朝"，诗人并没有直接写赤壁之战这一重大历史事件，而是从沉埋已久的一件锈迹斑斑的"折戟"写起，展开议论，这就是以小见大。不仅在古诗中，很多散文、小说也用到了以小见大的手法，如鲁迅的《一件小事》，杨绛的《老王》等。由此可见，如果我们在写作时能够熟练运用这种技法，那么我们也一定能写出生活中的细节和打动人心的文章。

重点难点

1. 理解以小见大的概念，掌握小细节、大情感的写作技巧。
2. 按要求完成习作：《我爱我家》。

著作推荐

1. 篇目推荐：鲁迅《一件小事》，杨绛《老王》。
2. 影视推荐：《小鬼当家1》，克里斯·哥伦布执导。

📖 课前阅读

一家三口吃完晚饭，爸爸正在看电视，突然渴了，就叫两岁半的儿子倒杯水过来。儿子很听话，晃晃悠悠地从沙发上爬下来，又晃晃悠悠地从屋里走了出去。不久，儿子又晃晃悠悠地抱着一杯水走了回来。爸爸接过杯子喝了一口，高兴地表扬儿子这么小就能干活了。

妈妈奇怪地问："他那么矮，连桌子都够不到，能从哪儿弄到水啊？"

爸爸苦思良久后，一脸痛苦地得出了结论："只有马桶！"

看了这一家三口的故事你是不是觉得既有趣又温馨呢？你的家庭一定也和他们一样，趣事不断又幸福温馨吧。你想不想用自己的笔，把自己家中的点点滴滴描绘给大家呢？下面我们就来学习如何写好自己的家庭生活吧！

🖌 技法展示

一、以小见大之小细节

选择生活中的小事来写，把爱化作一杯豆浆、一块肉、一个眼神、一句话……要把其中的细节写出来，如语言、动作、神态等。

例 餐桌上摆着我最爱吃的红烧肉，是妈妈特意为我做的。"好香啊！"我赶紧夹起一块瘦肉放到嘴里，吧唧吧唧吃了起来，止不住地称赞道："真好吃！"爸爸看见了笑道："哪里来的小馋猫！"我含糊道："我才不是呢！老爸老妈，你们也吃啊！"说着，又夹起一块瘦肉塞进嘴里。当我再一次将筷子伸进盘中时，发现瘦肉怎么都没了，我赶紧站了起来，手里的筷子不停地翻着，嘴里还念叨着："妈呀，怎么都是肥的啊！这还怎么吃啊！"妈妈看了看我，又看了看爸爸，最后把目光投向盘中的肉，摇摇头无奈地说道："这孩子，怎么净挑瘦的呢！"说着已经将盘里的肥肉咬了下去，把瘦肉放到我的碗里。我嘿嘿一笑，啊呜一口，满足地吃了下去。

——《妈妈牌红烧肉》

作者借助了语言、动作等，细致地描写了一家人吃饭时的场景，充分表现出了家庭生活的其乐融融。

二、以小见大之大情感

借助小事抒发情感，并将情感上升到一定高度，升华主题，这样文章会更有深度，耐人寻味。

例 我想，我眼见你慢慢倒地，怎么会摔坏呢，装腔作势罢了，这真可憎恶。车夫多事，也正是自讨苦吃，现在你自己想法去。车夫听了这老女人的话，却毫不踌躇，搀着伊的臂膊，便一步一步地向前走。我有些诧异，忙看前面，是一所巡警分驻所，大风之后，外面也不见人。这车夫扶着那老女人，便正是向那大门走去。我这时突然感到一种异样的感觉，觉得他满身灰尘的后影，霎时高大了，而且愈走愈大，须仰视才见。而且他对于我，渐渐地几乎变成一种威压，甚而至于要榨出皮袍下面藏着的"小"来。

——鲁迅《一件小事》

这是鲁迅先生回忆一次坐人力车时，车夫不小心撞到了一位老女人，并搀扶着她走向警局的情景。看似是一件再平凡不过的小事，却蕴含着深远的社会意义。车夫的负责任和"我"的自私产生了强烈的对比，更加凸显出了车夫的伟大形象。作者借助车夫这一形象，也更加体现出了社会底层劳动者淳朴善良的性格特点，使主题得到升华。

 **本课习作**

家，多么温暖的一个字，里面装满了爱和牵挂，无论你的家是贫穷还是富有，家人的爱都是一样的。请以"我爱我家"为题，写一篇字数不少于300字的文章。

✏️ **写作锦囊**

【按图索骥】

我爱我家	
以小见大之小细节	以小见大之大情感
爸爸一句鼓励的话	由自己的小家联想到祖国的大家
爷爷多年前送的书包	由玩具坏了联想到有舍才有得
生病时妈妈担忧的眼神	由和病魔作斗争联想到生命的顽强
晚上学习时桌上的一杯牛奶	由品茶联想到人生如茶

【日积月累】

1. 气势雄伟：指表现出宏大壮观的力量或威势。

2. 美轮美奂：形容房屋高大华丽。

3. 古香古色：形容某物富有古典雅致的色彩与情韵。

4. 巧夺天工：人工的精巧胜过天然。形容制作、制造技艺十分高超。

5. 固若金汤：形容工事无比坚固。

【妙笔生花】

1. 我家的房子又高又大，青青的瓦，红红的柱子，棕色的大门。房子的门前有一个大花园，花园里有各种各样的花儿。你看那盛开的喇叭花，像一只只小喇叭"嘀嘀嘟嘟"地吹着。再看那娇艳的蝴蝶花，仿佛有一只只蝴蝶正在花园里嬉戏。花园最中间是一个鱼塘。鱼塘里的水清澈见底，游鱼水藻都可以看得清清楚楚。水底许多色彩斑斓、大小各异的鹅卵石，把游来游去的小鱼们衬托得更加活泼可爱。

2. 世界上总有这么一个地方，在风雨肆虐的时候给我们以庇护，在心灵疲惫时，给我们以安慰。我们的身体和灵魂总需要这样一个供我们休息的地方，这就是家。

范文赏析

藏在豆浆里的爱

　　早晨的一杯豆浆，对于我们来说是一件多么平凡和微不足道的事情，可是喝妈妈做的豆浆都让我感到如沐春风般的温暖。

　　每天早上妈妈都会早早起床为我做早餐，豆浆是我餐桌上的常客。妈妈常常换着花样做各式的豆浆，但是不变的是妈妈总是把煮好了的豆浆分成三杯，第一杯给我，第二杯给爸爸，第三杯留她自己。我曾好奇地问过妈妈："为什么您总是喝第三杯豆浆呢？"妈妈先是愣了一下，然后微笑着说："第三杯豆浆更淳更浓，养颜美容的功效最好。"这以后我就像着了魔似的想尝尝这"香浓的"第三杯豆浆。

　　一天我趁妈妈不注意，偷梁换柱，终于有机会品尝到美味了。我猛地喝了一大口，没想到喝到了满口豆渣，勉强吞了下去。我忍不住向妈妈抱怨起来："好难喝！"妈妈这才回过神来，嗔怪道："谁让你喝的？喝这个吧！"爸爸闻讯走过来说："傻孩子，第一杯豆浆里没豆渣，第二杯里有一点豆渣，可第三杯里的豆渣就更多啦！这就是妈妈藏在豆浆里的小秘密。"我的眼睛湿润了。

那一刻在我的心里也种下了一个秘密，等我长大了也要为妈妈做豆浆，让妈妈天天喝第一杯豆浆，我喝妈妈的"特权豆浆"。

【赏　析】

文章选取了生活中的一件微不足道的小事，每天早上喝豆浆时妈妈总是把第一杯给我，自己喝最后一杯，文中的描写有许多细节，"猛地喝了一大口""勉强吞了下去""妈妈嗔怪道"，都充分表现出了家庭的温馨和家人对孩子的宠溺。语言平实，富有文采。结尾处写到孩子的心愿——长大后让妈妈喝第一杯豆浆，自己喝"特权豆浆"，既表现出孩子对父母的爱，也体现出对父母的感恩，使文章主题得到升华。

拓展阅读

家字漫谈

我爱我家，到底什么叫家呢？

家字分为上面的"宀"和下面的"豕"。"宀"当部首讲时被称为"宝盖头"，但它在古代却是一个单独的汉字，念mián。这是一个象形字，代表尖顶的房屋。所以"家"字的第一层含义就是指可以遮风挡雨的房屋。

下面的"豕"念shǐ，意思是猪。这就奇怪了，为什么房子下面有头猪就叫家呢？这是因为，房子下面有猪，代表人类学会了驯养家畜。在古代，生产力比较低下，很多事情都需要动物帮助人类来完成。比如人用马来拉车、驮运货物，用牛来耕地，用羊皮来制作衣服，用公鸡打鸣来报早，让狗来看家，等等。所以古代人经常和动物共同生活，这就形成了上面是房屋，下面是动物的文字结构。而和上面这些动物相比，猪显得比较特殊，因为猪好像没有别的用途，唯一的贡献就是为人类提供肉类食品。于是人们觉得，房子下面有猪，就代表着一个稳定的家庭结构形成了。

除此之外，猪还是人丁兴旺的象征。人类是群居动物，一个家族是不是兴旺，一个国家是不是强盛，人口的多少都是一个重要的指标。那么人从哪里来呢？很显然，每个人都是妈妈生出来的。但问题是，虽然人类也可以生双胞胎、三胞胎，甚至更多，但在大多数情况下，一个妈妈一次只能生一个宝宝。而且，妈妈的怀孕时间长达10个月，孩子出生后，妈妈还要花费大量精力去照顾宝宝，所以人类女性生育一次要耗费一年多的时间。猪则不同。一头母猪，一次生育可以产下十几头小猪，生育一次只需要4个月，这两个数字都是人类完全无法超越的。所以，在人类眼中，猪还代表着多子多孙、人丁兴旺。因此，家的第三层含义就是家人、亲人。

同学们，你还知道"家"字的其他含义吗？

爆趣大语文 初阶（下）阅读理解答案

第1讲 白居易（上）

《卖炭翁》

1. bìn；chì；chì

2. （1）满面尘灰烟火色，两鬓苍苍十指黑。

   （2）可怜身上衣正单，心忧炭贱愿天寒。

3. "辗"字用得好。因为这个字体现出了牛车的重，间接体现出卖炭翁的辛苦与勤劳。

4. "翩翩"本意是形容轻快洒脱的情状。这里表现了宫使得意忘形、骄横无理的样子，与卖炭翁为生活操劳的凄惨的个人形象形成了鲜明的对比，揭露了唐代"宫市"的罪恶。

5. 本诗表达了作者对下层劳动人民的深切同情，对宫市的揭露抨击。

第2讲 白居易（下）

《忆江南》

1. ān；fú

2. 太阳升起来了，江畔的春花在阳光的映照下红得胜过火焰，碧绿的江水绿得胜过蓝草。

3. 写出了钱塘江大潮浪高汹涌的特点。

4. 本首词概括而形象地写出了江南的春景，表达了词人对江南春天的喜爱、赞美、怀念之情。可从文中的"忆""好"两字看出来。

第3讲　刘禹锡

《乌衣巷》

1．yǔ　xī；xiàng

2．王导；谢安

3．描写景物的诗句是"朱雀桥边野草花，乌衣巷口夕阳斜"。这两句诗描绘了曾经繁华的朱雀桥和乌衣巷，如今却是野草丛生、荒凉残照的画面。野草和夕阳表现了荒凉衰败的景象，给整首诗渲染了惨淡、寂寥的氛围，表现了作者悲凉的心境。

4．全诗通过今昔对比，表达了诗人对世事变化无常、物是人非的感慨。后两句写了曾经名门望族住的乌衣巷，现在已经变成了寻常百姓人家，饱含着诗人对沧海桑田、盛衰兴败的深沉感叹。

《秋词》

1．liáo；xiāo

2．自古逢秋悲寂寥，我言秋日胜春朝。

3．"排"在这里是"排开、推开"的意思。天气晴朗的秋季，一只白鹤仿佛要冲破白云的阻隔，形象地写出了白鹤一飞冲天的气势，表现了作者奋发进取的豪情和乐观豁达的人生态度。

4．全诗通过描写万里无云的晴空里，一只白鹤推开云雾，冲天而上，将诗人的才情一同带到了天空的景象，表达了诗人乐观豪迈、锐意进取的人生态度。

5．作者借白鹤一飞冲天的形象表明自己的志向：在厄运面前不低头、奋发向上、不屈不挠的精神。

第4讲　韩愈

《早春呈水部张十八员外》

1．yù；sū

2．天街小雨润如酥，草色遥看近却无。

3．"天街小雨润如酥"一句使用了比喻的修辞，把春雨比成酥油，生动形象地写出了春雨的滋润。

4．小雨、小草。表达了作者对早春景色的喜爱之情。

《马说》（节选）

1．zhǐ；pián；cáo　lì

2．世有伯乐，然后有千里马。

3．表达了自己愤慨和怀才不遇、壮志难酬的感情。

4．写出了伯乐对千里马的决定作用，也写出了千里马对伯乐的依赖关系。如果没有伯乐，我们也要自己储备知识能量，寻找机会，创造机会，为社会做贡献。

第5讲　柳宗元

《江雪》（节选）

1．jìng；zōng；suō；lì

2．千山鸟飞绝，万径人踪灭

3．江面上只有一艘小船，船上有一个穿着蓑衣，戴着斗笠的老渔翁，正独自在白茫茫的江面上垂钓。

4．全诗刻画了一个寒江独钓的渔翁形象，在漫天大雪，几乎没有任何生命的地方，有一条孤单的小船，船上有位渔翁，身披蓑衣，独自在大雪纷飞的江面上垂钓。这个渔翁的形象显然是诗人自身的写照，曲折地表达出诗人在政治改革失败后虽处境孤独，但顽强不屈、凛然无畏、傲岸清高的精神面貌。

《黔之驴》（节选）

1．hài；dùn；shì；xiá

2．（老虎）渐渐地靠近驴子，态度更加亲切而不庄重，碰倚靠撞冒犯它。驴非常生气，用蹄子踢老虎。

3．如"远遁"表示老虎害怕，"往来视之"表示老虎犹豫谨慎，等等。言之有理即可。

4. 本文所讽刺的是当时统治集团中官高位显、仗势欺人而无才无德、外强中干的某些上层人物。貌似强大的东西并不可怕，只要敢于斗争，并善于斗争，就一定能战而胜之。能概括本篇内容的成语是黔驴技穷。

第6讲 李商隐

《嫦娥》

1. cháng；píng
2. 云母屏风烛影深，长河渐落晓星沉
3. 烛影深；长河落；晓星沉；渐
4. 孤独、悔恨，度日如年

《夜雨寄北》

1. yǐn；zhú
2. 君问归期未有期，巴山夜雨涨秋池。
3. 诗人此时设想团聚后的情景，而那时候正谈论的是此时，也就是巴山夜雨之时的思念之情。
4. 诗的前两句写羁旅之愁与不得归之苦。后两句表达了对于未来与亲人团聚的欢乐的憧憬。诗人盼望在重聚的欢乐中追忆今夜的一切，用未来的乐反衬出今夜的苦；而今夜的苦又成了未来剪烛夜话的材料，增添了重聚时的乐。诗句浅白如话，含义却曲折深婉，含蓄隽永，令人感到余味无穷。

第7讲 杜牧

《赤壁》

1. jǐ；xiāo
2. 折戟沉沙铁未销，自将磨洗认前朝。
3. 赤壁之战。周郎指周瑜，二乔分别是孙策的妻子大乔、周瑜的妻子小乔。
4. 这两句曲折地反映出他的抑郁不平和豪爽胸襟。诗人慨叹历史上英雄成名的机遇，是因为他自己生不逢时，有政治军事才能而不得施展。它还有一层意思：只要有机遇，相信自己总会有作为。

《泊秦淮》

1. huái；lǒng

2. 轻轻的雾霭，淡淡的月光，笼罩着透着寒气的河水，笼罩着两岸沉寂的沙滩。

3. 真正不知亡国恨的是醉生梦死的统治者。

4. 作者借商女唱亡国之音的《后庭花》，表面是讽刺"商女"，实际是讽刺那些不顾国家艰难、只顾自己享乐、醉死梦生的统治者，表达作者对国家命运的关切和忧虑（忧国忧民的思想感情）。

第8讲 孟郊和贾岛

《题李凝幽居》

1. jìng；zàn

2. 幽静

3. 敲；动；静

4. 本诗通过写友人李凝所居的清幽环境，表达了诗人悠闲自得的情趣和对隐逸生活的向往。

《游子吟》

1. yín；huī

2. 赶制衣服；孝敬母亲；三春晖

3. 表现了母亲对孩子无微不至的关怀，和对远游在外的孩子深深的思念。

4. 把母爱比作普照大地、哺育万物生长的阳光，把自己比作承受恩惠的小草。表达了对母亲的热爱和感激之情。

第9讲 唐诗补遗

《题破山寺后禅院》

1. lài；qìng；chán

2. 万籁此都寂，但余钟磬音。

3. 写出了禅院中花木繁盛的样子，表现了禅院中幽深安静的环境。

4. 诗中包含的成语是曲径通幽。曲径通幽的意思是弯曲的小路通到幽深僻静的地方。

《商山早行》

1. duó；zhǐ；yì；fú

2. 鸡声茅店月，人迹板桥霜。

3. "明"为"明亮、照亮"之意。枳树白花照亮驿墙，既说明了枳花的洁白鲜艳，又衬托出拂晓前的暗，突出了行之"早"。

4. 此诗描写了旅途中寒冷凄清的早行景色，抒发了游子在外的孤寂之情和浓浓的思乡之意，字里行间流露出人在旅途的失意和无奈。

第10讲　唐传奇

《柳毅传》（节选）

1. jìn；nì；jīn

2. "人生悲剧"指的是丈夫贪图玩乐，龙女劝说无果还被打骂，向公婆诉说但公婆溺爱孩子不管教，丈夫更是变本加厉对龙女打骂，龙女再向公婆哭诉却被赶出家门。

3. 小心谨慎的人。

4. 他是一个充满正义感、救人于危难之中的侠义之士。

5. 答应了。会答应，因为要乐于助人。

第11讲　外国民间故事

《蠢汉、驴子与骗子的故事》

1. chǔn；jiāng；mú；shè

2. （1）恭敬而有诚意。

（2）苦闷、不高兴的样子。

3. 惊讶自己的驴居然是被安拉惩罚的一个不孝顺的酒鬼，而且现在又变成了人。愧疚自己一直骑着这头驴，还让它干重活，觉得非常对不起它。

4. 一个骗子趁着蠢汉不注意，将驴子让另一个骗子牵走，并将自己假扮成驴子的样子，接着欺骗蠢汉说自己是被安拉惩罚才变成驴子的，最后，蠢汉抛下了骗子离开了。

5. 点拨：开放性试题，注意价值观要积极健康。

6. 点拨：开放性试题，价值观积极健康，言之有理即可。

第 12 讲　中国民间故事

《孔雀公主与傣族王子》

1. dǎi；lán；piān；chán；miè

2. 有人在老国王面前污蔑孔雀公主是"妖女"，并要求处死她。而老国王也误信谗言，决定忍痛处死自己的儿媳。

3. 因为孔雀公主认为决不能被冤枉而死。

4. 点拨：叙述简单并能概括故事情节即可。如：《孔雀公主与傣族王子》主要讲述了孔雀国美丽的孔雀公主南穆娜与傣族王子召树屯历经磨难，终成眷属的故事。

5. 点拨：《天仙配》《宝莲灯》《八仙过海》《精卫填海》《嫦娥奔月》《后羿射日》等。

第 13 讲　安徒生童话和他的童话

《她是一个废物》（节选）

1. jīn；bēi　wēi；zhá

2. 母亲本身工作很重，很辛苦，但孩子的衣服依然很用心地缝补，说明妈妈是一个勤劳、细致、疼爱孩子的人。

3. 辛苦。相关语句：①他的母亲站在水里一个洗衣凳旁边，用木杵打着一大堆沉重的被单。②这些被单被水冲着，差不多要把洗衣凳推翻。这个洗衣妇不得不使尽一切力气来稳住这凳子。③站在这水里真冷，但是我已经站了六个钟头了。

4. 妈妈让孩子喝酒是想用酒给孩子取暖，妈妈不想让孩子多喝是怕孩子喝酒习惯，长大后成为一个酒徒。这表现出妈妈矛盾的心理。

5. 市长说妈妈是个废物，是因为在市长的眼中，妈妈只是一个爱喝酒的酒徒。我认为妈妈不是废物，她喝酒是为了保持体温，妈妈为了孩子辛苦工作，通过自己诚实的劳动挣钱把孩子养大。她是一个勤劳高尚的妈妈，不是一个废物。

第14讲　格林童话和其他西方童话

《霍勒大妈》（节选）

1. xī；duò；gù；lì

2. 因为她不小心把纺锤掉进井里了，她害怕继母的责骂。

3. 是一个做事细心的人。

4. 这个故事告诉了我们，人的一生要勤劳，不能懒惰。有时候并不是机会没有来到，而是因为自己的懒惰，而错失了很多次机会，这并不能怪别人，只能怪自己。

5. 有。如果见到她，我会对她说："只有勤劳勇敢的人才是漂亮的人，才会得到别人的喜爱。"

第15讲　中国童话概览

《皮皮鲁遇险记》（节选）

1. yù；nà　mèn；xuè　pō

2. 知音指的是老虎。

3. 挡，紧贴，抱住。

4. 点拨：主观题，无严格的答案限制，言之有理即可。

　（1）不对，因为老虎并没有伤害皮皮鲁，而且他们相处得很好，成了最知心的朋友，大人们自以为是的营救行为给皮皮鲁带来的是伤害，他们并没有真正地关心过孩子心里想的是什么。

（2）对，大人们不了解皮皮鲁和老虎已经成了好朋友，看到孩子和老虎待在一起当然会担心，这样努力地营救他正是因为关心他。

第16讲　圣经故事

《创世记》（节选）

1. hùn　dùn；qióng

2. 填表

日期	事件
第四天	创造了太阳、月亮和星星
第六天	创造了人
第七天	定为休息日

3. 为了让人类来管理海里的鱼、天空的鸟和地上的野兽及昆虫。

4. 用它来分昼夜、做记号，定节令、日子和年岁，并要在天空中发出光来，普照到地上。

5. 地上一切结种子的蔬菜和树上一切带核的果子。